제주4·3사건 진상조사보고서
무엇이 문제인가

제주4·3사건 진상조사보고서
무엇이 문제인가

이용우 저

한반도인권과통일을위한변호사모임

목차

서문   4

제1장 공산주의를 숨기고 있다   8
  1. 창건자 박헌영   9
  2. 남로당의 정치노선   10
  3. 남로당 제주도당 무장대장 김달삼   11

제2장 공산주의 통일 목표를 숨기고 있다   14
  1. 스탈린 지령에 의한 '사실상의 정부' 수립   15
  2. 유엔 결의 후의 '인공' 수립   16
  3. 남로당의 '인공' 수립 참여와 지원   18
  4. 소결   22

제3장 '탄압'의 원인이 된 불법 폭력투쟁도 드러내야 한다   23
  1. 정판사 화폐위조 사건(1946. 5. 남로당의 전신 조선공산당 시절)   24
  2. 1946. 9. 총파업   25
  3. 1946. 10. 1. 대구폭동   25
  4. 1947. 3. 1. 시위   26
  5. 1948. 2. 7. 폭동   27
  6. 소결   27

제4장 대한민국 건국 경위도 기술되어야 한다   29
  1. 유엔총회의 통일정부 수립 결의   30
  2. 소련의 남북 총선 거부와 유엔 소총회 결의에 의한 남한만의 총선   30

3. 이승만이 단정 수립을 지지한 이유   31
   4. 소결   32

제5장 4·3사건의 기점을 잘못 정한 오류를 범하였다   33
   1. 기점을 소급시키려는 이유   34
   2. 특별법의 입법경위와 그 의미   35
   3. 3·1발포사건(이하 3·1사건)이 4·3사건의 기점으로 될 수 없는 이유   36

제6장 남로당 중앙당은 4·3사건과 무관한가   38
   1. 중앙당이 기획한 소위 '2·7구국투쟁'과 그 지령문건의 존재   38
   2. 무장투쟁을 최종 결정한 1948. 3. 15. 남로당 제주도상위 회의에 전남도당 조직지도원 파견   40
   3. 남로당 중앙당의 선동   40
   4. 남로당 중앙당의 격려   41
   5. '제주도 인민유격대 투쟁보고서'에 대하여   41
   6. 소결   42

맺는말 : 대한민국은 소멸되어가고 있다   45

후기 : 사법부에 한 마디   48

부록   51
   [4·3관련 헌법재판소 결정문]   53

서문

　대한민국은 태어나서는 안 되는 나라인가. 이 물음에 대하여 노무현 정부에서 만든 제주4·3사건 진상조사보고서(이하 보고서)는 긍정적인 답변을 유도하고 있다. 왜냐하면 그 보고서는 결론(보고서 538, 539면)으로, 4·3사건 당시 제주도에서는 제노사이드(집단학살) 범죄의 방지 및 처벌에 관한 국제협약의 기본원칙이 무시되었고, 그 책임자는 이승만과 미군정이라고 지목하였기 때문이다. 대한민국 건국을 저지하기 위한 무장투쟁을 진압한 것이 집단학살의 범죄라면 이승만은 진압을 그만두고 대한민국 건국을 하지 말았어야 할 것이 아닌가.

　보고서는 진상조사의 배경과 목적을 이렇게 설명하고 있다. 4·3사건은 남로당이 한반도 적화통일을 위하여 일으킨 공산 반란이요 폭동이라는 것이 이승만 정권 이래의 성격 규정이었는데, 이러한 '잘못 알려진 역사를 바로잡자는 진상규명 운동'(보고서 36면)이 진전을 이루어 4·3특별법이 제정되었으니 특별법은 '과거 정권의 4·3사건 성격 규정에 문제가 있음을 전제로 하고 있음을 엿볼 수 있다'(보고서 40면)고 기술하고 있다.

　보고서의 이러한 서두 부분은 바로 보고서가 기술할 방향을 설정하고 있는 것이다. 공산폭동이라는 과거의 성격 규정에서 탈피하라는 주문인 것이다. 이는 바로 공산주의 이념을 배제하라는 주문인 것이다. 이로써 4·3이 해방공간에서 김일성 주도의 공산주의 국가 건설과 이승만 주도의 자유민주주의 국가 건설 간에 치열한 이념 대결의 산물이었다는 사건의 본질을 숨기기로 한 것이다. 이념은 덮어둔 채 오로지 통일이냐 분단이냐의 관점과 인권침해의 관점에서만 4·3을 조명하도록 기본 방침을 설정한 것이다. 그러기에 보고서는 4·3을 일으킨 남로당이 공산주의 정당이라는 사실과 그들이 추구했던 통일정부가 김일성 공산주의 정부였다는 사실을 철저히 묵비하였다. 그냥 '좌파정당', '통일정부'라고만 호칭함으로써 그 시대 상황을 모르는 대다수 국민들로 하여금 마치 오늘날 허용되는 좌파 정치세력이 통일을 외친 것처럼 오해하게 하였다. 이러한 기본 방향은 보고서 전체를 지배하여 남로당 무장투쟁의 당부, 이승만 정부의 진압의 당부라는 규범적 판단을 함에 있어 '공산주의와 자유민주주의 간의 이념 대결'의 관점 대신, '분단이냐 통일이냐', '어느 쪽이 더 많은 인명 피해를 입히고 잔인했는가'의 관점이 작용하게 되었고, 그 결과는 바로 보고서의 결론에서 보는 바와 같이 4·3사건을 이승만에 의한 집단학살 범죄로 낙인찍게 함으로써 대한민국은 태어나서는 안 되는 나라였다는 암시를 주고 있는 것이다. 보고서의 이러한 흐름은 보고서 내용을 압축하여 설명을 곁들인 사진패널로 전시한 제주도 소재 4·3평화기념관의 전시 내용을 보면 더욱 분명히 드러난다.

사정이 이러함에도 불구하고 보고서의 서문에서는 당시 국무총리가 이 보고서의 내용에 대하여, '4·3사건 전체에 대한 성격이나 역사적 평가를 내리지 않았고, 그것은 후세 사가들의 몫'이라고 하였다. 과연 이 보고서는 '명시적으로는' 4·3이 통일을 위한 민중항쟁이었다는 결론은 내리지

서문

않았다. 그러나 이 보고서를 전체적으로 정독하고 나면(이를 축약 설명한 위 4·3평화기념관의 전시내용을 일별하게 되면) 남로당의 정체 등 4·3의 본질을 알게 하는 주요 사실의 묵비로 인하여 4·3에 대한 편향된 인식을 갖게 됨으로써 결국 4·3이 '통일을 향한 민중항쟁'의 성격을 가진 것으로 은연중 알게 한다. 아주 교묘한 방법으로 집필자(대표 박원순)의 숨은 의도를 관철시키고 있는 것이다. 보고서 작성의 최종 책임자인 당시 국무총리는 이러한 사실을 감지하지 못하였단 말인가.

혹시 보고서는 이념보다는 통일이 더 우선적인 가치라고 생각했을지 모른다. 쉽게 말하여 분단된 자유민주주의보다는 통일된 공산주의를 택해야 한다는 생각이다. 그 통일정부가 김일성 공산주의 정부라도 말이다. 그런 생각이 과연 국민들의 공감을 받을 수 있을 것인지는 별론으로 하고, 설사 그런 생각이라 하더라도 이념을 그렇게까지 덮어버리고 숨겨서야 되겠는가. 국민이 공정한 판단을 할 수 있도록 그들의 이념도 소개는 해야 할 것이 아닌가.

그러므로 이 책자에서는 보고서가 숨기고 있는 남로당의 공산주의 정당으로서의 정체, 그들이 말하는 통일정부란 바로 김일성의 공산주의 정부였다는 사실, 소위 '탄압'을 유발한 남로당의 공산 통일을 위한 불법 폭력투쟁, 이승만의 불가피했던 대한민국 건국경위 등 보고서가 묵비한 사실들을 드러내어 당시 상황을 전체적으로 균형 있게 조망할 수 있도록 함으로써 4·3에 대한 공정한 진상규명을 할 수 있도록 함에 집필의 목적이 있다.

보고서는 그 분량이 500여 면에 달한다. 그러나 이 책에서는 그중 앞부분인 4·3사건의 발생과정 부분에 한정하여 검토하였고, 그 후의 전개 및 진압과정과 피해상황 등에 대하여는 검토하지 못하였다. 그 부분은 상대적으로 4·3의 본질과는 관계가 적을 뿐만 아니라 필자의 능력도 거기까지는 미치지 못하기 때문이다. 이 부분에 관한 보고서의 오류에 대하여는 다른 연구자들에 의하여 검토되기를 바란다.

오늘의 정치 사회 분위기가 4·3에 공산주의 색깔을 입히는 것을 금기시하고 있는 상황이라 이 책자에 의하여 보고서의 편향성이 얼마나 알려질 수 있을 것인지는 심히 의문이다. 그러나 대한민국의 존속을 위해서는 4·3의 '본질과 성격'에 관한 보고서의 근원적인 문제점은 반드시 지적되어야 할 것이므로 이 책자가 그 논의의 출발점이 될 수 있기를 기대한다. 모쪼록 보고서를 재평가하는 활발한 논의가 이어지기를 바란다.

2024년 8월 15일
이용우

제1장 공산주의를 숨기고 있다

〈보고서의 내용〉

보고서는 4·3 당시 제주도의 정치동향을 언급하면서 남로당을 '좌파정당'으로 분류하고 있다. 그 전신으로 '조공'(조선공산당)이 잠시 언급되고 있지만 그것 또한 좌파정당이라 부른다. 그리고 남로당은 군정청에 등록된 '합법정당'이라고만 하고 그 후 다음 제3장에서 보는 여러 불법행위로 인하여 1949. 10. 등록이 취소된 사실은 언급이 없다(이상 보고서 93, 94면). 보고서 전체를 통하여 남로당이나 그 무장대는 좌파 또는 좌익세력으로만 호칭되고 공산주의 정당 또는 공산주의 세력이라는 호칭은 일체 없다. 간혹 보고서에서 '공산주의자'라는 단어가 언급되면 눈이 번쩍 뜨이는데(152면 등), 그것은 미군정 보고서 등 인용한 문서 속에 나오는 단어이지 보고서 본문의 언급은 아니다. 그만큼 보고서는 공산주의라는 단어를 기피하고 있다.

〈문제의 제기〉

보고서는 남로당이나 4·3무장대에 대하여 왜 '공산주의 정당' 또는 '공산주의 세력'이라는 호칭 대신 좌파 또는 좌익 정당이나 세력으로만 언급하고 있을까.

그것은 정치이념으로서의 공산주의는 완전히 실패한 이데올로기라는 것을 역사가 증명하였기 때문이 아니겠는가. 소련이 해체되고 동구 위성국가들이 모두 무너지는 것을 역사가 보여준 마당에, 이제와서 남로당이 그런 공산주의 정당이었음이 알려지면 그 자체로 그들의 투쟁에 정당성 없음이 드러나기 때문이 아니겠는가. 그러기에 보고서의 서두에서 4·3이 공산화 통일을 위한 폭동이라는 과거의 성격규정에서 벗어나라고 방향을 설정한 것이 아니겠는가(서문 참조).

물론 공산주의도 넓게 보아 좌파 정치 이데올로기에 속하는 것은 사실이다. 그러나 좌파 이념에도 그 스펙트럼이 넓어서 그중에서 공산주의는 오늘날 우리 사회에서 수용될 수 있는 좌파 정치이념이 아니다. 보고서가 이와 같이 남로당과 그 무장대에 대하여 공산주의 세력임을 숨긴 체 좌파 정당, 좌파 정치세력으로만 소개함으로써 해방 당시의 정치상황을 모르는 대부분 국민들은 남로당도 오늘날 우리 사회에서 수용될 수 있는 좌파 정치세력의 하나인 것처럼 오해하지 않겠는가. 보고서는 이를 노린 것이 아닌가 생각한다.

서문에서 언급하였듯이 필자는 4·3의 본질이 공산주의와 자유민주주의의 이념대결이라고 본다. 이념대결이 본질인 4·3에서 이념을 묵비하였으니 보고서의 4·3 진상규명은 쌍방의 전투상황이나 피해상황에 대한 진상규명은 될 수 있어도 정작 중요한 4·3의 본질에 대한 진상규명은 될 수 없다. 본질에 대한 진상규명이 되어야 남로당 무장투쟁의 당부나 이승만 정부의 진압의 당부에 대한 규범적 판단이 가능해지지 않겠는가. 이 점에서 보고서는 방향을 오도하는 중대하고도 근원적인 문제점을 지니고 있다.

이하에서는 남로당이 공산주의 정당이라는 사실, 그리고 그 창건자인 박헌영과 4·3 무장투쟁을 이끈 김달삼이 열혈 공산주의자인 사실을 살펴보기로 한다.

1. 창건자 박헌영

남로당의 정치노선을 알기 위해서는 그 당을 창건하고 이끌어 간 당

수 박헌영의 사상을 먼저 알아야 한다. 그는 20세 때인 1920년에 벌써 상해에 가서 고려공산당에 입당하였다가 1922년 국내에 잠입하여 1925년 조선공산당을 창당한 후 소련 공산당과 코민테른의 지시에 전적으로 따라온 철저한 공산주의자였다. 그러나 일제의 공산주의 탄압으로 6년간 형무소 생활을 하게 되었고, 복역 후에는 피신생활을 계속하던 중 8·15 해방을 맞이하였다. 해방 직후부터 그는 공산당 재건에 착수하여 드디어 1945. 9. 조선공산당 재건을 마치고 당 책임비서에 취임하였다.

이후 그는 미군정 하에서 한반도의 공산화를 위하여 온갖 비합법투쟁을 계속하다가 미군정의 체포령이 떨어지자 1946. 9. 소련의 점령지역인 북한 해주로 탈출하여 그곳에서 계속 남쪽의 조선공산당을 지도하면서 소위 9월 총파업, 10월 대구폭동 등을 일으켰다. 1946. 11. 23.에는 군소 좌파 정당(조선인민당과 남조선신민당)을 끌어들이면서 당명을 보다 온건한 이미지인 남조선노동당(남로당)으로 개칭하였지만, 당의 노선이나 박헌영의 지휘체계에는 변함이 없었다. 그 후에도 계속하여 남로당을 지휘하면서 1947년의 3·1시위, 1948년의 소위 2·7폭동을 일으켰고, 제주 4·3사건 이후 북한에 김일성 정부가 들어서자 소련을 등에 업은 김일성에게 주도권을 뺏기어 북한의 부수상 겸 외상으로 있다가 6·25 후 김일성에 의하여 미군 첩자였다는 터무니없는 누명을 쓰고 처형당하고 말았다. 한 마디로 그는 철저한 공산주의자였다.[1]

2. 남로당의 정치노선

남로당의 정치노선은 그 창건자인 박헌영의 사상 그대로 고전적인 공

---

1 박갑동, 박헌영 그 일대기를 통한 한국현대사의 재조명, 인간사, 1983. 283-287면 등 참조.

산주의(communism)였다. 1945. 9. 조선공산당 재건 당시에 채택된 당면 정책을 보면, '프롤레타리아 독재를 통하여 조선노동계급의 완전한 해방으로써 착취와 압박이 없고 계급이 없는 공산주의 사회의 건설을 최후의 목적으로 한다'고 하였다.[2]

그 당시 이미 국제공산주의의 맹주인 소련의 스탈린은 한창 위세를 떨치면서 동구라파에서 공산주의 정권들을 속속 탄생시켜 놓은 때였으므로(소위 동구 위성국가), 남로당도 한반도에서 그러한 공산주의 정권을 탄생시키고자 하였고, 이로써 한반도에도 소련의 한 위성국가가 탄생되는 것이 그들의 목표였다.

3. 남로당 제주도당 무장대장 김달삼

김달삼의 사상은 그의 행적을 보면 여실히 드러난다.

1) 해주대회 참석

그는 무장투쟁이 한창이던 1948. 8. 북한으로 올라가 김일성 정권의 탄생에 적극 참여하였다. 당시 북한 김일성은 그가 수립하려는 북한 정권의 정통성을 주장하고자 북한뿐만 아니라 남한 인민들까지도 그 정권 수립에 참여한 것으로 만들려고 하여, 정권 수립을 위한 대의원(국회의원 격임)을 선출함에 있어 남한 인민을 대변하는 대의원도 참여시키기로 하였다. 그러나 당시 남한의 상황으로는 북한 정권 수립을 위한 대의원선거를 공개적으로 실시할 수가 없었으므로 소위 '지하선거'라 하여 남로당 지하세력을 중심으로 비공개리에 남조선인민대표자 선거를 하였다. 이에 따

---

[2] 신상준, 제주도 4·3사건 상권, 한국복지행정연구소, 2000, 165면 등.

라 제주도에서는 52,350명이 북한 선거에 참여하여 제주도인민대표자들을 선출하였는데 이때 선출된 제주도의 대표들이 김달삼을 비롯한 6명이었다. 남로당 무장세력들은 제주도인민대표자를 선출하는 과정에서 일부 주민을 협박하고 강요하여 백지에 지장을 찍도록 하는 '백지날인'도 있었다고 한다. 김달삼은 이 지하선거 투표지를 휴대하고 북한 해주에 올라가 북한정권 수립을 위한 인민대표자대회(8. 21.- 25.)에 참석하였던 것이다.

그는 이 대회에서 제주4·3사건의 경과를 보고하고 열렬한 환영과 찬사를 받은 끝에 20대 중반의 나이로 일약 박헌영 등 거물들과 함께 주석단의 일원으로 뽑혔다. 이러한 과정을 통하여 1948. 9. 9. 북한의 김일성 정권이 탄생하게 되었음은 물론이다. 그는 해주대회에서 연설까지 하였는데, 그 연설의 마지막 부분은 이렇게 끝마치고 있다.

"민주조선 완전 자주독립 만세! 우리 조국의 해방군인 위대한 소련군과 그의 천재적 영도자 스탈린 대원수 만세!"

남쪽의 자유민주주의 정부 수립을 위한 5·10선거를 그토록 반대하면서 무장투쟁까지 일으켰던 그가 투쟁의 와중에 북한으로 올라가 김일성 정부의 탄생을 위해서는 그렇게 적극적으로 참여한 것이다(이 내용은 보고서 236-240면에서도 언급하고 있다). 위 마지막 멘트는 그의 사상을 한 마디로 대변하고 있지 아니한가.

2) 그 후의 행적

- 그는 조선민주주의인민공화국(이하 '인공')이 수립된 후 1949. 1. 8. 평양에서 김일성 임석 하에 거행된 훈장수여식에서 4·3투쟁의 공

로를 인정받아 북한 국기훈장 2급을 수여받았다(후임 무장대장 이덕구와 여순반란사건 지도자 김지회에게는 3급이 수여됨).
- 그 후 그는 대남무장간첩 양성소인 강동정치학원을 수료한 후 1949. 8. 유격대원 300여 명을 이끌고 태백산맥을 타고 38선을 넘어와 경북 지역에서 국군과 유격전을 전개하였다.
- 6·25전쟁 중에는 북한군 제3병단 지도자가 되어 국군과 전투를 하다가 1950. 9. 30. 전사하였다.
- 그 후 북한은 그의 공적을 높이 평가하여 그의 가묘를 신미리 애국열사릉에 안치하였으며, 묘비에는 '김달삼 동지, 남조선 혁명가, 1926년 5월 10일생 1950년 9월 30일 전사'라고 새겨져 있다.[3]

이상을 종합하여 보면 김달삼이 열혈 공산주의자임을 알고도 남음이 있지 아니한가.

---

[3] 나종삼, 제주4·3사건의 진상, 아성사, 2013, 210면. 제주4·3사건진상규명및희생자명예회복위원회, 제주4·3사건자료집 12, 104면. 국가발전미래교육협의회 제주지회, 제주도의 4월 3일은?, 도서출판 디딤돌, 2010, 186면.

제2장 공산주의 통일 목표를 숨기고 있다

⟨보고서의 내용⟩

> 보고서는 4·3투쟁의 목적으로 탄압에 대한 저항과 함께 단선 단정 반대와 통일정부의 수립을 들고 있다(보고서 167, 534면 등). 여기서 단선 단정 반대는 바로 이승만의 대한민국 건국 반대임이 명확한데 통일정부의 수립이란 구체적으로 어떤 통일정부를 뜻하는 것인지에 대하여는 보고서의 어디에도 설명이 없다. 다만 3·1사건이나 2·7사건을 설명하는 부분에서 그들이 내 건 슬로건 중에 '민주주의 임시정부'(보고서 105면), 혹은 '조선민주주의인민공화국'(보고서 147면) 등을 단편적으로 언급한 것이 보이기는 하나 그것이 어떤 성격의 정부인지에 대하여는 설명이 없다.

⟨문제의 제기⟩

　보고서에서도 명시한 바와 같이 보고서 작성의 제1목적은 4·3의 진상을 규명하기 위한 것이다. 4·3의 진상을 규명하기 위해서는 남로당 무장대가 4·3을 일으킨 목적이 정확히 밝혀져야 하고 그 목적이 수용될 수 있는 것인지 판단할 수 있어야 한다. 보고서는 그들이 내세운 목적으로 분단을 막기 위한 단선 단정 반대 즉 이승만의 대한민국 건국 저지만을 내세웠을 뿐 그 후의 공산화 통일의 목적에 대해서는 묵비하고 있다. 목적의 반쪽만을 밝혔을 뿐이다. 남로당의 공산주의 노선을 숨긴 당연한 귀결이다.

　이 점에서 보고서는 그 자체로 불완전하다. 이 불완전함은 4·3을 평가함에 있어 중대한 영향을 미칠 것임은 말할 필요도 없다. 4·3무장투쟁의 주요 목적이 누락 되었기 때문이다. 이하에서는 나머지 반쪽의 목적인 김일성 공산주의 통일정부 수립이라는 목적을 밝히고자 한다. 이를 위해서는 북한의 김일성 공산주의 정권의 수립과정을 살펴보면서 남로당의 역할을 알아보아야 한다.

1. 스탈린 지령에 의한 '사실상의 정부' 수립

1) 1945. 9. 20. 스탈린은 소련이 점령한 북한 지역에 단독정부를 수립하라는 지령을 내렸다. 이 지령은 북한을 관할하고 있던 연해주 군관구 군사평의회에 하달된 것이었는데, 그동안 비밀로 가려져 있다가 1993. 2. 26. 일본 매일신문이 이를 발견 공개함으로써 비로소 세상에 드러나게 되었다. 이 지령은 소련의 정책이 한반도의 분단에 원초적으로 영향을 미쳤음을 보여주는 중요한 자료가 되고 있다.[4]

2) 위 스탈린의 지령을 전달받은 북한 주둔 소련군 사령부(사령관 치스차코프)는 김일성을 지원하여 북한 지역에 단독정부를 수립하기 위한 준비를 착실히 수행하였다. ① 당장 1945. 10. 북조선5도 행정국을 설치하여 소련의 실질적 간접통치하에 형식상 북한민의 자율적 통치를 하도록 하다가, ② 1946. 2. 8.에는 김일성을 위원장으로 하는 '북조선임시인민위원회'를 구성하여 중앙정부의 기능을 행사하도록 하였다. ③ 1946. 3. 23.에는 김일성 명의로 기본헌법의 성격을 가진 '북조선임시인민위원회 20개 정강'을 발표하였고, ④ 이에 따라 토지개혁의 실시(1946. 3.)를 필두로 하여 노동법령의 공포(1946. 6.), 주요산업 국유화 법령의 공포(1946. 8.) 등으로 공산주의 체제를 구성해 나갔다. ⑤ 이어서 1947. 2. 22.에는 김일

---

4 박지향 김철 김일 이영훈, 해방전후사의 재인식, 책세상, 2006.에 게재된 이정식의 논문 '냉전의 전개과정과 한반도 분단의 고착화', 한겨레신문 1993. 2. 27.자 보도 등.

성을 수반으로 하는 '북조선인민위원회'(1946. 2.의 '임시'인민위원회를 개편)를 설립함으로써, 공식적인 정부수립 선포만 하지 않았을 뿐 '사실상의 정부'를 탄생시켰다.[5] ⑥ 한편 북한은 1946년부터 보안간부 훈련대대 창설을 시작으로 창군작업에도 매진하여 1947년 보안대를 확대 강화시키고 드디어 1948. 2. 8.에는 정식으로 인민군대의 창설을 선포하기도 하였다.[6]

2. 유엔 결의 후의 '인공' 수립

1) 다음 제4장에서 보는 바와 같이 1947. 11. 14. 남북한 인구비례에 의한 총선으로 통일정부를 수립하려는 유엔총회의 결의가 나오자 소련과 북한의 김일성은 이를 단호히 거부하였다. 위와 같이 이미 북한에서는 소련의 지원 하에 김일성의 '사실상의 정부'가 수립되어 있고, 이를 '민주기지'로 하여 남한을 해방시켜 통일을 이루고자 하는 전략(소위 '민주기지론')을 가지고 있는 터에[7] 이러한 민주기지를 무위로 돌리고 승산도 없는 유엔 감시 하의 남북한 총선을 받아들일 수는 결코 없는 것이었다. 그리하여 김일성이 내놓은 통일정부 수립방안은 소위 '남북한 제정당 사회단체 지도자 연석회의'를 열어 여기서 통일정부 수립을 논의하자는 것이었다. 당시 북한지역의 정당 사회단체들은 김일성이 완전히 장악하고 있었고, 남한지역에서는 좌파와 우파의 정당 사회단체들이 혼전을 벌이고 있었으나 남로당과 그 외곽 사회단체들의 조직과 활동력이 만만치 아니하였

---

5 한영우, 다시 찾는 우리역사, 경세원, 2003, 575-578면. 위 신상준의 책, 188, 189, 210, 211면 등.
6 김남식, 남로당 연구, 돌베개, 1984, 313면.
7 한영우, 위 책 577면.

으므로, 김일성은 평양에 앉아서 남한의 정당 사회단체 지도자들을 불러 미리 짜 놓은 계획에 따라 회의를 진행시켜 나가면 남한의 남로당 등 좌파 정당과 좌파 단체들(조선노동조합전국평의회, 농민조합전국총연맹 등)의 협력을 받아 '민주기지론'의 통일전략을 달성할 수 있다고 계산한 것이다.

2) 그리하여 김일성은 1948. 4. '남북한 제정당 사회단체 지도자 연석회의'(이하 '연석회의')를 평양에서 개최할 것을 남한의 제정당 사회단체들에게 제의하였다. 그러나 이승만과 한민당은 김일성의 의도를 간파하고 그의 제의를 거부하였으나, 남로당 등 좌파는 물론 우파 중에서도 통일정부를 열망하면서 남북의 정치지도자들이 만나 정치협상을 해보자고 하던 김구, 김규식은 김일성의 제의에 응하여 평양으로 갔다.

그리하여 '연석회의'는 남로당 등 남한의 다수 좌파 정당과 사회단체들이 참여한 가운데 1차로 1948. 4. 19.부터 같은 달 23.까지 평양에서 열려 대표자격 심사, 남북 정세보고, 단선 단정 반대투쟁 대책 등을 논의하였는데, 김구와 김규식은 막상 평양에 가서 보니 그들이 원했던 남북 정치지도자 정치협상이 아니라 수많은 사회단체들까지 참여시킨 연석회의로서 김일성이 미리 짜놓은 각본에 따라 회의가 진행되는 것임을 알고는 김규식은 아예 모든 회의에 불참하고 김구는 일부 회의에만 참석하여 간단한 연설만 하고 돌아온 것이다.

그 후 '연석회의'는 역시 남로당 등 남한의 좌파 정당과 사회단체들의 참여하에 2차로 1948. 6. 29.부터 같은 해 7. 5.까지 평양에서 열려 '인공' 수립을 결정하고 그 절차를 논의하였는데, 이때 김구와 김규식은 평양으로 올라가지도 않았다.

이러한 일련의 '연석회의'에서 결정한 바에 따라 1948. 8. 25. 남북을

망라한 최고인민회의 대의원 선거를 실시하고, 같은 해 9. 2.부터 9. 9.까지 제1차 최고인민회의를 열어 '인공' 헌법(1948. 2. 11. 이미 작성해 둔 '인공' 임시헌법 초안에 따른 것)을 채택하고, 김일성을 수상, 박헌영을 부수상 겸 외상으로 선임한 후, '북조선인민위원회'(1947. 2. 22. 수립된 사실상의 정부)로부터 '정권이양'을 받음으로써 공식적인 '조선민주주의 인민공화국'('인공')의 탄생을 선포한 것이다.

남한에서의 대의원 선거는 남로당 조직을 이용한 소위 '지하선거', '백지투표'(제1장 김달삼의 행적 참조)에서 3배수의 대의원 후보들을 선출하고 이들이 대거 월북하여 같은 해 8. 25. 그들 가운데서 남한 몫 대의원 360명을 확정 선출한 것이다.

'인공' 헌법에 의하면 '인공'이야말로 남북조선 인민의 총의에 의하여 수립된 '중앙정부'라 하고, 수도는 서울, 임시수도는 평양으로 정하였다.[8]

3. 남로당의 '인공' 수립 참여와 지원

1) '인공' 수립에의 참여

김일성은 통일정부로서의 '인공'의 정통성을 주장하기 위해서는 반드시 남한 인민들도 함께 그 수립에 참여하는 모양새를 갖추어야만 하였고, 이를 위해서는 남한의 정당과 사회단체들도 '인공'의 수립에 참여시키는 것이 필수적이었다. 그러기에 김일성은 남한의 제정당 사회단체들에게 '연석회의'에 참여할 것을 요청하였는데, 당시 남한에서 가장 강력한 좌파정당이던 남로당이 그 외곽 사회단체들을 이끌고 이에 참여함으로써 남로

---

8 김남식, 위 책 303-361면 등.

당은 김일성의 북로당(북조선노동당)과 함께 '인공' 수립의 양대 축을 형성하였다.

남로당은 '연석회의'에서부터 '인공' 수립 공포에 이르기까지 시종일관 중요한 역할을 담당하였다. ① '연석회의' 기조연설에 해당하는 남북한 정치정세 보고에서 김일성이 북한을 대표하여 연설하면 박헌영은 남한을 대표하여 연설하였다. ② 이미 남한에서 전개하고 있던 단선 단정 반대를 위한 폭력투쟁(2·7사건, 4·3사건 등)을 지속해 나가기 위한 구체적인 대책도 제시하였다. ③ 무엇보다도 최고인민회의 대의원으로 남한 측에 할당된 360명을 선발하는 작업을 남로당이 수행하였음은 당연하다. 이를 위해서 남로당은 남한 전국에 걸친 지하조직을 이용하여 소위 '지하선거'를 수행하였음은 이미 본 바와 같다. ④ 여기에서 선출된 남한 측 대의원 360명이 북한 측 대의원 212명과 함께 최고인민회의를 구성하여 '인공' 헌법을 채택하였고, ⑤ 그 최고인민회의에서 김일성이 수상으로 선임되고 남로당 대표 박헌영이 부수상 겸 외상으로 지명되어 '인공'의 2인자가 되었다. ⑥ 드디어 1949. 6. 북로당과 남로당이 합당하여 '조선노동당'이 탄생함으로써 오늘의 북한 정권이 있게 된 것이다.[9]

2) '인공' 지지활동과 대한민국 전복활동

(1) 남로당은 '인공'이 탄생(1948. 9. 9.)하기 전부터 벌써 향후 탄생할 '인공'을 위한 지지운동을 벌였다. 즉, 김일성은 이미 1947. 11.부터 향후 탄생할 '인공'을 위한 헌법 초안을 작성하기 시작하였는데, 1948. 2. 11.에는 북조선최고인민회의가 그 초안을 확정하여 공표

---

9 김남식, 위 책 참조.

한 바 있었다.

그런데 남로당은 2·7폭동(다음 제3장 참조)으로 단선 단정 반대투쟁을 벌이면서 동시에 위 헌법초안을 각 지방당에 내려보내고 이를 지지하는 대중운동을 벌이도록 하였다. 말하자면 남로당은 단선 단정 반대투쟁과 '인공' 수립을 지지하는 운동 등 양면활동을 동시에 전개한 것이다.[10]

(2) 1948. 9. 9. '인공'이 탄생하자 남로당은 적극적으로 '인공' 지지운동을 벌였다. 대표적인 것으로는 ① 인공기게양운동과 '인공' 만세 부르기 운동이다. 전국 각지에 걸쳐 학교, 면사무소 등 주로 공공건물에 간헐적으로 인공기가 게양되었고, '조선민주주의인민공화국 만세!'가 적힌 전단이 뿌려졌다. ② '조선인민의 은인이신 스탈린 대원수'께 드리는 감사 편지 서명운동을 벌였는데, 남한에서 무려 900여만 명이나 서명하였다고 과장 선전하였다. ③ '인공' 지지의사의 표명으로 1948. 11. 30. 2시간 총파업을 벌이기도 했다.[11]

(3) 나아가 남로당은 신생 대한민국 전복활동도 하였다. 1948. 중반경 남로당의 지도하에 무장투쟁을 위해서 남한을 4개의 유격전구 즉 오대산과 태백산 유격전구, 지리산 유격전구, 호남 유격전구, 제주도 유격전구로 나누어 인민유격대가 무장유격투쟁을 전개하도록 하였고, 1949. 7.에는 본격적인 무장투쟁을 전개하기 위하여 인민유격대를 북한의 조선노동당중앙위원회 직속의 중앙당 14호실(대남유격사업지도부)의 지휘 아래 제1병단(오대산지구), 제2병단(지리

---

10 김남식, 위 책 308면.
11 김남식, 위 책 355-357면, 신상준, 위 책 295-297면.

산지구), 제3병단(태백산지구) 등 3개 병단으로 편성하여 남한 각지에서 유격투쟁을 전개하였다. 이 유격투쟁에는 북한의 많은 무장유격대가 남파되어 지원하였는바, 1948. 11.부터 1950. 3.까지 연병력 2,400여 명의 무장유격대원이 남파되었던 것으로 추산되고 있다.[12] 이러한 유격투쟁의 연장선상에서 드디어 1950. 6. 25. 북한군에 의한 전면 남침전쟁이 일어난 것이다.

3) 남로당 제주도당에서의 '인공' 지지활동과 대한민국 전복활동

남로당 제주도당이 일으킨 4·3사건은 전국에서 가장 강력하고도 폭력적인 단선 반대 투쟁이었지만, 이와 함께 남로당 중앙당이 벌이는 '인공' 지지활동과 대한민국 전복활동이 제주도에서도 예외가 아니었다.

(1) 1948. 9. 20.경부터 제주도 내 관공서와 학교 등에서는 인공기가 게양되었다.[13]

(2) 남로당 무장대는 제주도 내 곳곳에 전단지를 살포하여, '단선 단정을 죽음으로써 반대하고 조선민주주의인민공화국을 건설할 때까지 투쟁하는데 이에 반항하는 자는 처형하라'거나, '김일성 수상은 머지않은 장래에 남반부 동포들에게도 노동법령, 토지개혁 등을 실시하게 될 것이며, 매국단정을 타도하기에 인민군은 전력을 다할 것'이라는 등으로 주민을 선동하였다.[14]

(3) 1948. 10. 24.에는 김달삼의 뒤를 이은 무장대장 이덕구가 대한

---

12 신상준, 위 책 296-297면.
13 제주4·3사건진상규명및희생자명예회복위원회, 제주4·3사건자료집 2. 227, 231, 458, 461면 등 일간신문 보도.
14 제주도경찰국, 제주경찰사, 1990, 322-323면.

민국을 상대로 선전포고를 하기까지 하였다.[15] 이에 따라 무장대는 같은 해 11. 1. 군과 경찰에 침투시켜 놓은 프락치들과 연합하여 제주도 전역을 장악하려고 시도하였다. 이에 대한민국 정부는 1948. 11. 17. 제주도에 계엄령을 선포하게 되었고, 이후 무장대와 진압군경 간의 전투가 격화되면서 강경진압으로 이어지게 되었다.

4. 소결

이상에서 본 바와 같이

1) 남로당은 1948. 2. 7.부터 전국적으로 폭력적인 단선 단정 반대투쟁을 전개하면서 다른 한 편으로는 북한에서의 '인공' 수립을 위하여 김일성의 북로당과 함께 양대 기둥이 되어 활약하였다.

2) 그리고 '인공'이 수립된 후에는 남한민중들을 상대로 '인공'지지 활동을 벌이고, 나아가 신생 대한민국을 전복시키려는 무장투쟁까지도 하였다.

3) 이와 같은 경위로 수립된 '인공'은 오늘의 북한으로 내려오고 있다.

그렇다면 남로당이 단선 단정 반대로 달성하려는 통일정부란 바로 김일성의 조선민주주의인민공화국 즉 오늘의 북한정부가 아닌가. 보고서가 이를 숨기고 있으니 과연 4·3의 진상을 규명했다고 할 수 있는가.

---

15 김봉현 김민주, 제주도인민들의 4·3무장투쟁사, 문우사, 1963, 165면.
 양조훈 등 3인 공저, 4·3은 말한다. 4권, 도서출판 전예원, 1997, 68면.

제3장 '탄압'의 원인이 된 불법 폭력투쟁도 드러내야 한다

〈보고서의 내용〉

> 보고서는 남로당이 무장투쟁에 나서게 된 원인으로 단선 단정 반대에 의한 통일정부 수립 이외에도 경찰과 서청(서북청년단)의 탄압에 대한 저항을 들고 있다(보고서 167, 536면 등). 그러면서 탄압받은 사실에 관하여 상당한 지면(보고서 102면 내지 152면)을 할애하여 상세히 설명하였다. 남로당이 주도한 3·1절 기념집회 후의 가두시위 과정에서 경찰의 비이성적인 발포로 10여 명의 제주 도민이 사망하거나 다친 사실, 이에 대한 항의의 표시로 남로당이 배후 지원한 3·10총파업투쟁에 대한 경찰의 검거선풍과 소위 '관민' 충돌 상황, 그 후 1948. 2. 7. 역시 남로당이 주도한 단선 반대를 위한 소위 '2·7구국투쟁'과 그 이후의 3건의 고문치사 사건 등이 그것이다. 모두가 남로당이 경찰 등으로부터 부당한 탄압을 받아 이에 대한 저항이 이유 있음을 암시하는 내용이다. 그러나 보고서의 어디에도 남로당이 당국의 제재를 받아야 할 불법 폭력투쟁을 한 사실에 대하여는 언급이 없다.

〈문제의 제기〉

　보고서에서 탄압받은 사실을 그렇게 상세하게 기술하고 있는 이유는 4·3사건의 기점을 3·1사건으로 소급시켜 4·3사건 전체의 성격을 민중항쟁으로 암시하기 위한 것으로 보인다.
　그러나 3·1사건(이어지는 소위 '2·7구국투쟁' 포함)은 제주도 지역에서만 돌출적으로 발생한 4·3사건과는 성격이 다른 전국적인 별개의 사건이므로, 보고서에서 이 부분을 4·3의 기점이라 하여 집중적으로 거론하는 것 자체에 근원적인 문제점이 있다. 그러나 이에 대하여는 제5장에서 상술하므로 그에 맡기기로 하고, 여기서는 보고서가 기술하지 않고 있는 사실, 즉 남로당이 왜 그렇게 당국으로부터 감시와 검거(소위 '탄압')의 대상이 되게 되었는지 그 원인을 드러내 보려고 한다. 모두가 공산화 통일을 위한 불법 폭력투쟁이었다.

소위 '탄압'(탄압이라는 표현이 적절치 않으나 편의상 그렇게 쓰기로 한다)의 당부를 평가하기 위해서는 왜 그러한 탄압을 받게 되었는지 그 원인까지 설명하여야 공정한 기술이 될 것이다. 그런데도 보고서에는 그 원인에 대한 아무런 설명이 없다. 그러므로 아래에서 해방 이후 남로당이 공산화 통일을 위하여 벌인 각종 불법 폭력투쟁을 소개하기로 한다.

1. 정판사 화폐위조 사건(1946. 5. 남로당의 전신 조선공산당 시절)

이 사건은 조선공산당 총무부장 겸 재정부장 이관술 등 당 간부들과 당원들이 남한경제를 교란시키기 위하여 당원 운영의 조선정판사에서 조선은행권을 대량 위조한 사건이다. 조선공산당에서는 그 사건이 당과 무관하다고 하면서 공산당 파괴공작이라고 주장하고 소요사태를 일으켜 재판까지 방해하였으나, 재판 결과 남로당 간부들의 유죄판결이 선고되었다. 이 사건으로 조선공산당 당사무실은 압수 수색을 당하고 당 기관지는 정간처분을 당하였으며, 나머지 당 간부들에 대하여는 체포령이 내려져 이후 조선공산당은 지하로 숨어 활동하게 되었다.[16] 소위 '탄압'의 시발이었던 것이다.

---

16 신상준, 위 책 205면.

2. 1946. 9. 총파업

1946. 9. 박헌영은 조선노동조합전국평의회 조직을 이용하여 전국적인 총파업을 지시하였다. 표면적인 동기는 식량문제의 해결이었으나 숨은 동기는 정판사 사건으로 궁지에 몰린 박헌영이 공산당의 투쟁실력을 향상시키기 위한 것이었다. 그들의 요구 조건에 소위 '애국자'(공산당원)에 대한 체포령 철회가 포함된 것이 이를 말해 준다. 이 파업은 영등포 철도노조 파업을 시작으로 전국에 걸쳐 철도와 통신을 마비시키고 주요 공장으로 확대되었으며, 그 진압과정에서 2명의 사망자와 다수의 부상자가 생기게 되었다.[17]

3. 1946. 10. 1. 대구폭동

9월 총파업의 불씨가 아직도 남아 있던 1946. 10. 1. 조선공산당 중앙의 지령에 의하여 대구 지역에서 폭동이 발생하였다. 공산당의 선동에 동원된 군중들이 쌀을 달라는 구호를 앞세워 과격한 시위를 벌이다가 이를 저지하는 경찰과 충돌하는 과정에서 시위자 1명이 사망하게 되자 이에 흥분한 군중들이 경찰지서와 파출소 등 10여 곳을 점령하고 경찰관과 그 가족들을 학살하였다. 급기야 군정당국은 대구 일대에 계엄령을 선포하여 대구 지역의 폭동사태는 진압하였으나, 소요사태는 인근 성주, 칠곡, 고령, 영천 등 지역으로 번져 나갔다. 이 사건으로 인하여 대구 경북지역에서만 경찰관 사망이 39명, 부상 31명, 민간인 사망 44명 부상 56명이 발생하였고, 공산당도 전국적으로 무려 1500여 명이나 구속되었으며 조

---

17 박갑동, 위 책 146-151면.

직이 큰 타격을 받게 되었다.[18]

4. 1947. 3. 1. 시위

3·1사건에 대하여는 보고서가 상세히 서술하고 있으므로 여기서는 보고서에서 간과되기 쉬운 다음 사항 즉 그것이 남로당의 역량강화 전략에 따라 계획된 정치투쟁이었다는 점만 강조하기로 한다.

1947년 3·1절 행사는 오늘날 통상 거행되는 3·1절 기념행사가 아니었다. 당시 남로당(조선공산당이 1946. 11. 남로당으로 개칭됨)은 위에서 본 대구폭동 등의 여파로 조직이 크게 위축되어 있었으므로 남로당 중앙당에서는 3·1절 기념행사를 계기로 조직을 정비하고 투쟁력을 강화하기로 전략을 세웠다. 이에 1947. 2. 남로당 중앙당은 다가오는 3·1절에 즈음하여 남로당 주도의 기념행사를 대대적으로 열 것을 각 지방당에 지시하고 조직의 총동원령을 내렸다. 이에 따라 제주도에서도 남로당 제주도당의 주관으로 행사 준비위원회를 구성하여 행사 세부지침을 세우고 조직을 총동원하였다. 그리고 그들은 투쟁목표로서 소위 '민주주의 임시정부'(공산주의 정부를 말함)의 수립, 박헌영 체포령 철회, 소위 '민주주의 애국투사'(대구폭동으로 구속된 자 등) 석방 등을 포함시켰다. 그리고 군정당국이 불허가한 시위 도중 경찰의 우발적인 발포로 사태가 악화되었던 것이다. 이와 같이 1947년의 3·1절 행사는 통상의 3·1절 기념행사가 아니라 공산화 통일을 꿈꾸는 남로당의 조직강화를 위한 정치투쟁이었다. 그러기에 군정당국에서는 예민한 감시의 대상으로 주시하게 되었던 것이다.

---

18 신상준, 위 책 214-218면.

5. 1948. 2. 7. 폭동

보고서에서도 기술한 바와 같이, 1947. 11. 14. 유엔총회의 결의로 남북한 인구비례에 의한 총선거에 의하여 한반도 전체에 대한 통일정부를 수립하기로 하는 유엔의 방침이 결정되자, 이에 의하여서는 한반도에서 공산주의 정부를 수립하려는 목적이 달성될 수 없다고 생각한 남로당은 이를 반대하는 강력한 투쟁을 전개하기로 하였다. 이에 1948. 2. 7. 남로당의 지령에 의하여 전국적으로 총파업과 경찰관서 습격, 교통 통신 시설의 파괴 등 극렬한 투쟁이 벌어졌는데, 이 과정에서 전국적으로 사망만 수십 명에 이르고 남로당원 등 수천 명이 검거되었다. 이 투쟁에서 남로당이 내 건 슬로건인 '조선민주주의 인민공화국 만세'는 이 투쟁의 목적이 무엇인지 상징하고 있지 아니한가.

6. 소결

이상과 같이 해방 이후 남로당은 한반도에 공산주의 정부를 수립하기 위하여 불법 폭력투쟁을 계속해 왔다. 군정당국은 이러한 불법 폭력 투쟁을 그냥 둘 수 없었다. 이에 관련된 남로당원들을 검거하여 감옥에 가두고 재판에 회부하였으며, 이로 인하여 남로당의 활동은 지하로 숨어들게 되고 박헌영은 체포령을 피해 북한으로 도망을 가게 된 것이다. 보고서에서 말하는 '탄압'의 실체란 이런 것이다. 그런데도 보고서는 남로당이 감시와 검거의 대상이 된 사실만 서술하고 있을 뿐 그 원인이 된 공산화 통일을 위한 불법 폭력투쟁에 대하여는 침묵하고 있다.

물론 위와 같은 남로당의 투쟁들 중에는 4·3사건과 직접적인 관련이 없는 것들도 있지만, 보고서가 탄압받은 사실을 상세히 서술하고자 한다면 왜 그런 탄압을 받게 되었는지에 대한 원인도 언급하여야 공정성 있는 기술이 될 수 있다는 의미에서 그들의 불법투쟁을 소개한 것이다.

제4장 대한민국 건국 경위도 기술되어야 한다

〈보고서의 내용〉

> 보고서에는 대한민국이 건국된 경위에 관하여 아무런 설명이 없다. 다만 보고서 146면에서 남북한 전체 선거를 실시하려는 유엔총회 결의를 소련이 거부하여 남한만의 단독선거를 치르게 되었다는 결론만을 간단히 언급하고 있을 뿐이다. 그러면서 이승만의 단선 단정은 한반도의 분단을 초래하는 일이라는 이유로 좌파 진영은 물론 우파 진영 일부(김구, 김규식)에서도 반대하였는데, 이승만과 한민당만이 미군정과 보조를 맞추어 이를 추진하였다고 기술하고 있다. 이어서 이를 반대하는 남로당의 소위 '2·7구국투쟁'을 소개하면서 그로 인한 경찰의 탄압으로 고문치사까지 일어난 사실을 상세히 설명함으로써 단선 단정 반대(대한민국 건국 반대)의 정당성을 암시하고 있다. 심지어 보고서를 축약 설명한 제주도 4·3평화기념관의 전시 패널에서는 '단선 단정은 한반도의 분단을 가져오고, 분단은 필연적으로 전쟁을 불러 오는데 과연 2년 후 전쟁이 일어났다'라고 설명함으로써 이승만에게 분단은 물론 6·25전쟁의 원인제공 책임까지 지우고 있다.

〈문제의 제기〉

해방정국에서 단선 단정의 당부를 판단하기 위해서는 당시의 국내 정치상황과 국제 정세에 비추어 과연 통일정부가 가능하였는지, 가능하였다면 그 통일정부는 어떤 성격의 정부인지를 알 수 있는 상황설명이 있어야 한다. 그런 설명도 없이 단순히 분단정부가 옳으냐 통일정부가 옳으냐라고 물으면 어느 누가 분단정부를 택하겠는가. 보고서는 바로 그런 상황

설명이 없이 분단이냐 통일이냐의 단순 대비의 방식으로 단선 단정 반대 주장의 정당성을 암시하고 있다. 4·3사건 진상조사에 대한민국 건국 경위의 설명이 왜 필요하냐고 할지 모르나, 단선 단정 반대 주장의 당부를 제대로 판단하기 위해서는 왜 단선 단정에 이르게 되었는지에 관한 경위 설명이 있어야 공정한 판단이 가능하다. 이하에서 이에 관한 현대사를 간략하게 정리해 보기로 한다.

1. 유엔총회의 통일정부 수립 결의

8·15해방이 우리 민족의 힘으로 쟁취한 것이 아니고 강대국의 전쟁승리로 얻어진 것이어서 해방 이후 한반도에는 소련군(1945. 8. 9.)과 미군(1945. 9. 8.)이 북과 남에 진주해 들어왔다. 한반도에 독립정부를 세우기 위하여 소련과 미국이 소위 미소공동위원회를 열어 논의를 했으나 당시 이미 소련과 미국이 세계 패권을 놓고 다투는 냉전이 시작되어 서로가 자기에게 우호적인 정부를 수립하려고 하다가 합의를 보지 못한 채 표류하고 있었다. 그러던 중에 미국은 한반도 문제를 유엔에 넘겼고, 이에 따라 1947. 11. 14. 유엔총회에서 한반도 통일정부 수립에 관한 결의가 있었는데, 그 내용은 유엔감시 하에 남북한 인구비례에 따라 보통선거의 원칙과 비밀투표에 의한 총선거를 실시하여 한반도에 통일정부를 수립하도록 하는 것이었다.

2. 소련의 남북 총선 거부와 유엔 소총회 결의에 의한 남한만의 총선

이에 따라 유엔의 선거감시단이 1948. 1. 서울에 들어왔으나 소련의 스탈린과 그의 지령을 충실히 따르고 있던 김일성은 유엔 선거감시단의 북한지역 입북을 거부하고 말았다. 북한의 인구가 남한보다 훨씬 적고, 당시 정치지도자로서의 인지도에 있어 김일성이 이승만과는 비교가 되지 않을 정도로 미미하였으므로, 남북한 인구비례에 의한 총선거를 실시하게 되면 한반도에 김일성 공산주의 정부가 들어설 수 없다는 소련의 판단이 작용하였기 때문이다. 이러한 연유로 남북한 전체에 대한 총선거가 물리적으로 불가능해지자 할 수 없이 유엔총회의 위임을 받은 소총회는 1948. 2. 26. 우선 현실적으로 실시가 가능한 지역(남한)만이라도 먼저 총선거를 실시하도록 결의하였는데, 이 결의를 선거감시단과 미군정 및 남한 인구의 절대다수(선거참여율 71.6%)가 받아들여 문제의 단선 즉 1948. 5. 10. 대한민국 건국을 위한 총선이 실시되었던 것이다.

3. 이승만이 단정 수립을 지지한 이유

제2장에서 본 바와 같이 이미 김일성이 소련의 후원으로 1946. 2. 북한지역에서 중앙정부의 기능을 수행하는 사실상의 정부인 북조선임시인민위원회를 수립하자(이를 바탕으로 하여 1947. 2. 북조선인민위원회로, 1948. 9. 조선민주주의인민공화국으로 승계되어 오늘의 북한에 이르고 있다) 이승만은 1946. 6. 남한지역에도 일시적인 과도정부 같은 것을 만들 것을 제안한 바 있었다(소위 정읍 발언). 북한에 이미 김일성의 사실상의 정부가 존재하여 자유민주주의 체제의 통일정부 수립에 난관이 많아서, 이를 타개하기 위해서는 미국과 소련 등 강대국들과 국제정치적으로 교섭하여 외교적인 해결을 할 수밖에 없는데, 이를 위해서는 남한에 임시적으로라도 과도정부 같은 것을 만들어 국제적인 교섭에 나설 주체를 세워야 한다는 것이 그의 제안 이유였던 것이다. 그런 생각을 가졌던 이승만이었기에 그후 위와 같이 소련과 북한이 유엔총회 결의에 의한 통일정

부 수립을 거부하고 유엔 소총회가 남한만의 단선 단정을 결의하자 이승만이 이를 받아들인 것은 당연한 일이었다.

그 후 1948. 4. 김일성이 평양에 앉아서 남한의 제정당 사회단체 대표를 불러 통일정부 수립을 위한 남북협상을 하자고 제의하였으나, 이승만은 공산화 통일을 획책하는 김일성의 의도를 간파하고 그는 협상에 참석하지 않은 것이다. 그 후의 역사는 김구 등 협상파들이 김일성의 술수에 이용만 당하였음을 증명하였다.

4. 소결

이상에서 본 바와 같이, 단독정부로 말하면 북한이 사실상 먼저 수립되었고(1946. 2. 북조선임시인민위원회), 유엔총회가 결의한 통일정부 수립 방안을 소련과 북한이 거부함으로써 통일정부가 무산되었으며, 그런 상황에서 당시에 꼭 통일정부를 수립하려고 한다면 이승만과 한민당이 자유민주주의를 포기하고 김일성이 짜놓은 남북협상 각본에 참여하여 김일성 주도의 공산주의 통일정부를 수립하는 방법밖에 없었던 것이다.

그럼에도 이와 같은 상황을 전혀 설명하지도 아니한 채 분단이 옳으냐 통일이 옳으냐는 식의 단문으로 단선 단정의 당부를 판단하도록 한 보고서의 기술 방식은 남로당의 투쟁을 정당화시키기 위한 의도에서 나온 불공정한 것으로 볼 수밖에 없다.

제5장 4·3사건의 기점을 잘못 정한 오류를 범하였다

〈보고서의 내용〉

> 4·3사건의 기점에 관하여 보고서는 의문의 여지없이 일관되게 1947. 3. 1. 경찰의 발포사건, 즉 1948. 4. 3. 새벽 남로당 무장대에 의한 경찰관서 기습 공격 보다 1년 이상이 앞선 1947. 3. 1.의 '경찰 발포사건'을 기점으로 잡고 있다(보고서 102면, 536면 등). 그러면서 그 발포사건과 이로 인하여 촉발된 3·10총파업투쟁, 이에 이은 검거선풍, 관민충돌, 그 후 1948. 2.의 소위 '2·7구국투쟁'과 경찰의 고문치사 사건 등을 무려 50면이나 할애하여 남로당과 제주도민이 소위 '탄압' 받은 사실을 상세히 기술하고 있다.

〈문제의 제기〉

해방정국에서 제주도에서 일어난 불행한 사건을 '제주4·3사건'이라 부른다. 그러한 명칭은 그 사건 이래 지금까지 한 번도 변함이 없이 시종일관 유지되어온 이름이다. 그 이유는 1948. 4. 3. 새벽 남로당 무장대에 의한 제주도 내 12개 경찰관서 등에 대한 일제 기습공격으로 그날 새벽에만 10여 명의 경찰관 등이 사망하는 충격적인 사건이 발생하였고, 그 이후 무장대와 잔당들을 제주도에서 완전 소탕하는데 무려 6년 이상이나 걸린 엄청난 내란상태의 시발점이 바로 1948. 4. 3. 새벽이었기에 그 불행한 사건의 명칭이 '4·3사건'으로 정해진 것이다.

그런데 언제부터 인가 제주도 좌파세력을 중심으로 4·3사건의 기점을 1947년의 3·1발포사건으로 1년 이상 소급시키려는 주장이 나오기 시작했다. 그러한 주장이 좌파 정치세력을 설득시키더니 급기야 1999. 12.

국회에서 통과된 '제주4·3사건진상규명및희생자명예회복에관한특별법' (이하 특별법) 제2조 1호는 명문으로, '제주4·3사건이라함은 1947. 3. 1.을 기점으로 하여 1948. 4. 3. 발생한 소요사태 및 1954. 9. 21.까지 제주도에서 발생한 무력충돌과 진압과정에서 주민들이 희생당한 사건을 말한다'라고 정의하는 어처구니없는 입법까지 나오게 되었다. 당시 집권여당은 새정치국민회의였고 야당은 한나라당이었는데, 이 법은 여야 합의에 의한 단일안이었다. 특별법이 제주4·3사건 정의를 이와 같이 규정하여 4·3사건의 기점을 1947. 3. 1.로 정해 버렸으니 내심으로 이러한 기점설을 지지하던 보고서 작성팀은 얼마나 부담을 덜었겠는가. 보고서에서 마음 놓고 4·3사건의 기점을 1947. 3. 1.로 고착시킨 것이다.

'제주4·3사건'이란 명칭과도 맞지 않는 1947. 3. 1. 기점설이 어떻게 나오게 되었고, 국회는 어떻게 그런 입법을 하게 되었으며, 왜 그것이 잘못되었는가를 이하에서 설명하기로 한다.

1. 기점을 소급시키려는 이유

1948. 4. 3.에 일어난 사건(남로당 무장대의 경찰관서 등 기습 공격)으로 말하면 공산주의자가 아니고서는 할 말이 없다. 아무리 단선 단정 반대에 당위성이 있다 하더라도 그와 같이 전쟁과도 같은 폭력적인 방법으로 일을 꾀하려는 것은 너무나 무모한 일이기 때문이다. 그러기에 보고서에서도 결론에서 그 날에 일어난 일에 대해서는 남로당 무장대의 '분명한 과오'임을 지적하고 있다(536면). 기껏해야 남로당이 그날 잘못을 저질렀지만 그 진압과정에서 제주도민들의 희생이 너무 크지 않았느냐고 항변할 수 있을 뿐이다. 그런데 그런 항변만 해서는 좌파들이 만족할 수 없다. 어디까지나 잘못을 범한 사람들의 수세적 항변에 불과하기 때문이다. 여

기에서 좌파들이 생각해 낸 것이 3·1 기점설이다. 1947. 3. 1.에는 그 경위야 어떻든 경찰의 발포로 6명의 주민들이 사망하는 비극적인 사고가 발생하였고, 그 이후 이에 대한 항의 표시로 광범위한 도민들이 참여한 총파업 투쟁과 이로 인한 당국의 검거선풍 고문치사 등 좌파들에 대한 군정당국의 '부당한 탄압'을 주장하기에 좋은 사건들이 이어졌으므로, 4·3사건의 기점을 1947. 3. 1.의 발포사건으로 소급시켜 그때부터 4·3사건의 시작이라면서 이 부분을 집중 조명하면 좌파들이 4·3사건에 대하여 오히려 공세적 입장에서 자기들의 정당성을 주장하고, 나아가 4·3사건 자체의 성격까지 민중항쟁으로 이끌 수 있다고 생각했기 때문이다.

2. 특별법의 입법경위와 그 의미

특별법은 당시 여·야 간에 정치적 타협의 결과였다. 그동안 다수의 무고한 제주도민들이 남로당 연루자 즉 공산주의자로 누명을 쓰고 공적이나 사적 생활에서 온갖 박해를 받아온 현실을 가슴 아프게 생각하여 그들의 누명을 벗겨주고 그들도 이제 대한민국 국민으로 포용하여 서로 화합을 이루는 것이 좋겠다는 정치적 목적에 여·야간의 의견이 일치된 결과이다. 그리하여 다수의 제주도민들에게서 공산주의자라는 악령에서 벗어나도록 하기 위하여 특별법의 용어에서도 '공산폭동' 대신 '소요사태' 혹은 '무력충돌'과 같이 이념 중립적인 용어를 사용하기로 함에는 여·야간에 이견이 없었다. 그러나 남은 마지막 문제가 3·1기점 문제였다. 당초 한나라당의 법률안에는 1948. 4. 3.을 기점으로 삼았는데 제주도 좌파세력의 강력한 요구를 받아들인 국민회의 측은 끝까지 3·1기점설에서 물러서지 않았다. 이로써 특별법의 제정은 마지막 순간에 무산될 위기에 처하게 되었다. 이에 한나라당의 제주도 출신 국회의원들이 특별법의 제정을 새

천년으로 넘기지 말고 당해 연도(1999년) 내에 완성해야 한다는 절박감에서 3·1기점설을 받아들이기로 양보하게 되었다고 한다(당시 한나라당 의원의 회고). 당시 한나라당으로서는 3·1기점설을 받아들임으로써 그것이 향후 4·3사건의 성격 논쟁에 어떠한 영향을 가져올 것인지에 대하여 까지는 미처 생각하지 못했던 것으로 보인다.

무릇 입법으로 역사적 사실을 만들어 낼 수는 없다. 그러므로 특별법의 3·1기점 규정으로 4·3사건의 역사적 사실을 바꿀 수는 없다. 그것은 다만 특별법이 규정하고 있는 명예회복이나 보상 등의 대상자 범위를 1년 이상 전인 3·1사건부터 시작되는 것으로 넓혀주겠다는 의미에 불과하다.

3. 3·1발포사건(이하 3·1사건)이 4·3사건의 기점으로 될 수 없는 이유

기점(起點)이라는 단어는 문자 그대로 어떤 일이 처음으로 일어난 시점 곧 시작점을 말한다. 3·1사건이 4·3사건의 기점이라면 1947. 3. 1.에 4·3사건이 일어났다는 말이 되고 그렇게 되면 3·1사건도 4·3사건 그 자체에 포함됨을 말한다. 그러나 3·1사건은 4·3사건과는 전혀 별개의 독립된 사건이므로 그것이 4·3사건에 포함되는 시작점이 될 수 없다. 굳이 4·3사건과 관련 지어 보고서에서 기술하고 싶다면 그것은 4·3사건 발생(시작) 당시의 사회적 배경 상황의 하나로 소개하면 족하다. 이하에서 양자의 성격상 차이점을 보기로 한다.

1) 먼저, 3·1시위는 전국적으로 벌어진 사건(남로당 중앙당이 산하 지방조직을 동원하여 전국적으로 벌인 사건)에 남로당 제주도당도 1개 도당으로서 참여한 사건이었지만, 4·3사건은 제주도에서만 돌

출적으로 발생한 지방 사건이었다.

2) 3·1시위는 남로당 중앙당이 조직 강화차원에서 기획한 일반적인 정치투쟁의 성격을 가졌지만, 4·3사건은 단선 단정 반대라는 특정 목표를 내건 투쟁이었다.

3) 3·1사건에서는 경찰이 주민들에게 발포하였지만(습격으로 오인), 4·3사건에서는 반대로 남로당 무장대가 경찰에 발포하여 촉발되었다.

4) 3·1사건으로 사망한 사람은 민간인 6명에 불과하였지만, 4·3사건은 군과 경찰, 남로당원, 제주도민 등 최소한 1만 명이 훨씬 넘는 사람이 희생된 차원이 다른 사건이다.

5) 3·1사건은 우발적으로 발생하여 하루에 그쳤지만, 4·3사건은 계획된 공격으로 시작되어 완전 소탕까지 6년 이상 걸렸다.

이와 같이 3·1사건은 4·3사건과는 완전히 성격이 달라 그것이 4·3사건의 시작점이라는 주장은 언어도단이다. 그럼에도 이를 계속 주장한다면 위 1항(1. 기점을 소급시키려는 이유)에서 본 바와 같이 4·3사건을 민중항쟁으로 유도하기 위한 전 단계 포석으로 볼 수밖에 없다.

제6장 남로당 중앙당은 4·3사건과 무관한가

〈보고서의 내용〉

> 보고서는 '남로당 중앙당 지령설 진위'라는 소제목 아래 제주4·3사건은 남로당 중앙당의 지령이 없이 남로당 제주도당만의 독자적인 돌출행동으로 일어난 사건으로 결론짓고 있다. 그 근거로서 중앙당 지령설을 주장한 박갑동의 저서를 탄핵하는 여러 자료들을 소개하면서, 지령이 없었음을 확인할 수 있는 자료로 '제주도 인민유격대 투쟁보고서'를 제시하고 있다(보고서 162-165면). 한편, 보고서는 '무장봉기 준비' 항목에서 폭동지령 문건이 있었다는 미 24군단 정보보고서를 소개하면서도 그 정보는 믿을 수 없는 내용이라고 배척하고 있다(보고서 152-155면).

〈문제의 제기〉

제주4·3사건을 직접 일으킨 남로당 제주도당도 뚜렷한 남로당 지방조직의 하나이다. 정당의 하부 조직이 경찰관서에 대하여 전쟁과도 같은 기습 무장공격을 감행하는 거사를 함에 있어 중앙당과는 아무런 관련이 없이 오로지 지방조직만의 독자적 결정으로 하는 것이 과연 가능한 일이겠는가. 결코 중앙당이 무관할 수는 없을 것이다. 이에 4·3사건이 일어나게 된 과정을 살펴보면서 중앙당이 이에 관여한 사실을 밝혀 보기로 한다.

1. 중앙당이 기획한 소위 '2·7구국투쟁'과 그 지령문건의 존재

유엔의 결의에 의한 남한 지역만의 단독선거가 차츰 현실화되어 가자 남로당 중앙당은 단독선거 저지를 위한 강력한 투쟁계획을 세우고 1948.

2. 7.을 기해 전국적인 총파업과 함께 경찰관서 습격 등 폭력투쟁에 나아갈 것을 지시한 사실은 보고서에서도 자세히 기술하고 있다(보고서 147면). 한편, 보고서는 이 무렵에 작성된 미 24군단 정보보고서에 의하면 폭동을 일으키라는 명령이 제주도당에도 전달되었는데, 그 지령문건이 1948. 1. 22. 남로당 조천지부에서 열린 불법회의장을 급습한 경찰에 의하여 압수되었다고 기술하고 있다(보고서 153면).

이 지령문건에 의하면 '공산주의자들은 2월 중순부터 3월 5일 사이에 제주도에서 폭동을 일으키라'고 지시하고, '경찰간부와 고위 공무원을 암살하고 경찰 무기를 탈취하라'는 지시가 적혀 있었다.

그런데도 보고서는, 이 지령문건은 누가 지령했는지 그 실체가 나와 있지 않고, 나중에 진행된 남로당 제주도당의 무장투쟁 결정 과정을 보더라도 시점에 의문이 있으며, 정보보고서 스스로 그 정보의 신뢰도를 C-3(정보 내용의 신뢰도 6단계 중 3단계에 해당)으로 평가한 점을 들어 믿을 수 없다고 배척하고 있다.

그러나 지령의 내용이 '제주도에서 폭동을 일으키라'고 하고 있음을 볼 때 이 지령은 분명 제주도 밖에서 하달된 것으로 보아야 하는데, 그렇다면 남로당 중앙당 이외에 제주도당에 지령을 내릴 주체가 없다는 점, 1. 22. 이후 남로당원의 대거 검거로 인하여 제주도당은 조직와해의 위기를 겪은 데다가, 무장투쟁의 결정 과정(아래에서 보는 신촌회의와 제주도 상위)과 무장투쟁의 준비기간(보고서 160-162면) 등에 비추어 볼 때 폭동지령에서 언급한 시점과 실제 폭동 시점 사이에 1개월 정도의 간격은 능히 있을 수 있는 점, 정보의 신뢰도를 C-3(그래도 신뢰도가 중간 이상이다)로 평가한 것은 그 정보의 내용 중 그날 체포한 남로당원들의 숫자나 도망간 간부들 유무에 관한 것일 수는 있어도 지령문건이 압수되었다는 내용 자체의 신뢰도를 말하는 것은 아닐 것이라는 점 등에 비추어 보면, 보고서가 이 지령문건을 아예 없는 것으로 무시해 버린 처사는 도저히 납득하기 어렵다.

2. 무장투쟁을 최종 결정한 1948. 3. 15. 남로당 제주도상위 회의에 전남도당 조직지도원 파견

　남로당 제주도당은 중앙으로부터 위와 같은 폭동지령을 받기는 하였으나, 보고서에도 나오는 바와 같이 1. 22. 경찰에 의한 남로당 조천지부 급습으로 남로당 당원들이 대거 검거되고 조직이 노출되어 어려움을 겪던 중, 무장투쟁에 대한 찬반 토론을 한 2월 하순의 소위 신촌회의를 거쳐, 3. 15. 남로당 제주도상위가 무장투쟁 여부의 최종 결정을 위한 회의를 열었는데, 이 자리에는 남로당 전남도당에서 보낸 조직지도원(오르그)까지 참석하여 회의를 지도하였다(보고서 159면). 그 회의에서 전남도당 파견 지도원은 ① '무장투쟁의 지시'와 함께 ② '국방경비대에 심어 놓은 프락치를 이용하여 무장투쟁에 국방경비대(제주도 주둔 9연대)를 최대한 동원하여야 한다는 지시'까지 내렸다.

3. 남로당 중앙당의 선동

　남로당 중앙당은 이와 함께 남한 민중들에게 단선 단정 반대를 위하여 무장투쟁을 포함한 극한투쟁을 계속해 나갈 것을 지속적으로 선동하였다. 1948. 3. 19. 남로당 중앙위원회 명의로 전 인민에게 호소한 성명이 그 한 예에 해당하는 바, 그 요지는 다음과 같다(남로당 기관지 '노력인민' 1948. 4. 3.자).

'지난 2월 7일 평양에서 발표한 조선임시헌법초안이 규정한 바와 같이, 인민위원회가 국가주권기관이 되어 민주주의인민공화국을 창건하고야 말 강철 같은 의지로, 민족과 국토를 팔아 일신의 특권만을 유지하려는 이승만 도당 등 미제의 주구들에 대하여 굴복과 두려움 없이 용감하게 투쟁해 나갑시다. 전국의 형제자매들이여! 분기 역투하라!'

4. 남로당 중앙당의 격려

한편, 남로당 중앙위원회는 무장투쟁이 한창이던 1948. 6. 투쟁에 나선 제주도의 인민들에게 뜨거운 감사와 존경을 보내면서, 모든 인민들이 그 뒤를 따르자는 격려문을 내려보냈고, 이에 대하여 남로당 제주도당은 1948. 7. '남로당 만세! 조선민주주의인민공화국 만세!'를 외치는 화답문을 보냈다. 격려문과 화답문의 전문은 남로당의 기관지인 '노력인민' 1948. 6. 28.자와 같은 해 11. 7.자에 각 게재되어 있다(그 요지는 '본질과 현상' 2013. 여름호 게재, 현길언 논문 146-147면 수록).

5. '제주도 인민유격대 투쟁보고서'에 대하여

보고서는, 제주4·3사건이 남로당 중앙의 지시 없이 제주도당 차원에서 독자적으로 일어난 것이라는 결론의 근거로써, 남로당 전남도당의 지도원(오르그)이 제주도에 파견되어 국방경비대(국경)에 심어져 있던 프락치를 통하여 국경의 병력까지 무장투쟁에 참여시키려고 하였다가 프락치인 문상길 소위(박진경 대령 암살 당시는 중위)가 '중앙의 지시가 없으니 할 수 없다'고 거절하였다는 사실을 들고 있다(정부보고서 164-165면).

그러나, 문상길 중위의 그와 같은 거절이 곧 제주4·3사건이 남로당 중앙과는 무관함을 입증하는 자료가 될 수는 없다. 그것은 문상길 중위의 거절 경위가 다음과 같기 때문이다. 즉, 남로당의 군 프락치는 장교 프락치와 하사관 프락치가 서로 다른 지휘체계 하에서 움직이는 이원적인 구조로 되어 있어, 장교 프락치는 중앙당이 직접 지휘하고 하사관 프락치는 지방당이 지휘하도록 되어있었다('제주도 인민유격대 투쟁보고서'에서도 장교 프락치와 하사관 프락치의 2중 조직이 있음을 인정하고 있음). 그런데, 제주도에서의 무장 폭력투쟁 지시는 중앙당이 전남도당을 통하여 제주도 지구당에 하달하면서 따로 국경(국방경비대)에 심어져 있던 장교 프락치에게는 지시를 내리지 않은 채 지방당인 전남도당을 통하여 그 지휘 하에 있던 하사관 프락치에게만 국경의 동원을 지시하였던 것인데, 이에 따라 전남도당에서 파견된 지도원(오르그)이 국경에 심어진 하사관 프락치(고승옥 상사)를 만나러 갔다가 그가 영창에 들어간 바람에 만날 수 없게 되자 할 수 없이 대체적인 방법으로 장교 프락치인 문상길 중위에게 도움을 요청하였다가 그로부터 중앙의 지시가 없었다는 이유로 거절을 당한 것이므로, 장교 프락치인 그가 따로 중앙의 지시를 받지 못하였다 하더라도 이는 중앙의 지령전달 방법이 용의주도하지 못하였다고 탓할 수 있는 사정은 될 수 있을지언정 중앙당이 지방당을 통하여 제주도당과 국경의 하사관 프락치에게 내린 지시까지 부인할 근거는 되지 못하기 때문이다(1948. 10. 19. 일어난 여순반란 사건에서도 남로당이 장교 프락치인 김지회 중위가 아닌 하사관 프락치 지창수 상사에게 지령을 내렸음).

6. 소결

이상의 경과를 정리해 보면,

— 남로당은 단선 단정을 반대하기 위하여 1948. 2. 7.부터 전국에 걸

쳐 폭력투쟁에 나서기로 당 차원의 거당적 투쟁방침을 정하였고,
- 이에 따라 제주도에도 무장폭력투쟁(riot)을 일으키고 경찰관 등을 살해하며 경찰무기를 탈취하라는 지령문건을 하달하였으며,
- 투쟁방법을 논의하는 제주도당의 회의에 남로당 전남도당의 지도원까지 파견하여 폭력투쟁의 지시와 국방경비대 동원까지 사주하였고(이러한 중대 지시와 사주는 중앙당의 지침이 아니고서는 내릴 수 없다),
- 남로당 중앙당은 이와 별도로 전 민중들에 대해서도 폭력투쟁을 포함한 극한투쟁을 계속하도록 지속적으로 선동하였고,
- 드디어 제주4·3이 발발하자 남로당 중앙당은 투쟁에 나선 제주 민중들에게 감사와 격려를 전하는 서한을 보내고, 이에 대하여 제주도당은 남로당과 인민민주주의공화국(남로당이 수립하려는 공산주의 정부)에게 충성을 바치는 화답문을 보냈으며,
- 그 후 1948. 8. 무장대장 김달삼은 북한으로 올라가 공식적인 북한 정권 수립에 주석단의 일원으로 참여한 것이다.

사정이 이와 같은 이상, 제주4·3사건은 남로당 중앙당과는 아무 관련이 없이 제주도당 차원에서 돌출적으로 일어난 것이 아니라, 당시 남로당 중앙당이 단선 단정을 반대하기 위하여 전국적으로 벌인 거당적 폭력투쟁의 일환으로 남로당 중앙의 지령과 중앙의 지침을 받은 파견 간부(전남도당 지도원)의 지도에 따라 일어난 것이다.

다만, 남로당 중앙당이 제주도당에 대하여 무장투쟁의 일시나 구체적

인 작전계획까지 하달한 것은 아니었고, 이는 제주도당 차원에서 독자적으로 결정한 것이었지만(이로 인하여 강경세력이 주류를 이루는 제주도에서 전국의 단선반대투쟁 중 가장 충격적이고도 모험적인 폭력투쟁이 발생하게 되었음), 그것 때문에 제주4·3사건이 남로당 중앙당과는 무관한 제주도당만의 독자적인 투쟁이라고 할 수는 없는 것이다.

맺는말 : 대한민국은 소멸되어가고 있다

　이상에서 본 바와 같이 보고서는 남로당의 공산주의 이념과 공산통일의 목적을 완전히 빼 버렸다. 자유민주주의와 공산주의의 이념충돌, 그것이 본질인 4·3사건에서 이념을 빼 버렸으니 사건의 핵심을 누락시킨 보고서이다. 그 대신 그 자리에 분단이 옳으냐 통일이 옳으냐의 질문과 어느 쪽이 인명 살상을 더 많이 했느냐의 질문이 자리 잡았다. 어떤 통일이냐를 묻지 아니한 채 분단과 통일 중 어느 쪽이 옳으냐의 양자택일을 요구하는 질문이 옳은 질문인가. 그렇다면 결론은 이미 명확하지 아니한가.

　그럼에도 보고서 작성의 최종 책임자인 당시 국무총리는 보고서의 서문에서 '4·3'에 대한 성격이나 역사적 평가는 내리지 않았고, 그것은 후세 사가들의 몫이라고 하였다. 공산주의를 뺀 채로 보고서 전체를 통하여 암시와 유도를 다 해 놓고 결론은 후세의 사가들이 낼 몫이라고 한다. 후세의 사가들이 올바르고 공정한 역사적 평가를 하기 위해서는 4·3의 본질인 이념충돌 상황과 무장투쟁의 궁극적 목표를 당연히 기술해야 할 것이 아닌가. 그래야만 제대로 된 '진상규명'이 될 것이 아닌가. 이 질문에 대하여 당시 국무총리는 어떻게 답할 것인가.

　4·3의 성격에 관하여 오늘날 공산폭동 또는 반란이라는 주장과 민중봉기 또는 항쟁이라는 주장이 대립되고 있다. 이 문제는 곧 이념이 우선이냐 통일이 우선이냐에 따라 주장이 나누어질 것이다. 해방정국 당시의 상황에서 구체적으로 말하면 분단된 자유민주주의냐 통일된 김일성 공산주의냐의 선택의 문제이다. 전자를 선택하는 사람은 4·3의 성격론에서

공산폭동설을 주장할 것이고 반대로 후자를 선택하는 사람은 민중항쟁설을 주장할 것이다. 이 문제는 곧 양심의 자유에 속하는 것이어서 어느 쪽으로도 생각을 강요할 수는 없고 각자의 자유의 영역이다. 그리하여 오늘날 우리 사회에서 이 문제를 놓고 좌우 양 진영간의 대립이 심각하다. 개인간의 논쟁과는 별개로, 정부로서는 4·3의 성격에 관하여 유권해석을 내릴 수 있다. 이에 따라 현대사 교과서를 통하여 자라나는 학생들에게 이를 가르칠 수 있다. 그러나 정부가 나서서 이 문제를 정리해 주지 못하고 있는 것이 오늘의 대한민국의 비극적인 현실이다. 국무총리가 명시적으로는 성격론에 대하여 입장을 유보하면서 후세의 평가에 맡기고 있는 것이 이를 단적으로 말해준다.

여기서 특기할 것은 제주도 소재 4·3평화기념관에 있는 소위 '백비(白碑)'이다. 정부의 보고서를 요약하여 설명을 붙인 사진패널을 만들어 전시하고 있는 그 전시관의 초입에는 비문이 없는 비석(백비)이 세워지지 않고 눕혀진 채로 있다. 그리고 그 의미에 대하여 '봉기, 항쟁, 폭동, 사태, 사건 등으로 다양하게 불려온 제주4·3은 아직까지도 올바른 역사적 이름을 얻지 못하고 있다. 분단의 시대를 넘어 남과 북이 하나가 되는 통일의 그 날, 진정한 4·3의 이름을 새길 수 있으리라.'라는 설명문이 붙어 있다.

자유민주주의 헌법으로 탄생한 대한민국에서 오늘 우리가 살고 있는데도 그 대한민국의 건국을 저지하기 위한 무장투쟁을 폭동이라 부르지 못하고 남북이 통일되어야 그 성격을 비문으로 새길 수 있다니, 그렇다면 그 통일이란 바로 공산주의 통일을 말하는 것이고 그때 비로소 '항쟁비'로 비문을 새기겠다는 뜻이 아니겠는가. 폭동이라고 한다면 비석도 비문도

필요 없을 것이기 때문이다. 여기서 바로 보고서와 이를 요약 전시한 전시관의 숨은 의도가 드러나고 있다고 본다. 참으로 참담하고 비극적인 오늘의 현실이다.

22대 국회에 들어 좌파 세력은 특별법 개정을 서두르고 있다. 개원하자마자 2024. 6. 3. 국회에서 특별법 개정 방향 토론회를 개최하고 개정 방향으로 4·3의 올바른 이름을 정하는 방안(소위 '正名'), 남로당 간부까지도 희생자의 범위에 포함시키는 방안, 미국의 국가책임을 추궁하는 방안, 진압 군경에 대한 상훈 박탈 방안, 4·3 왜곡에 대한 형사처벌 방안 등을 거론하고 있다. 이쯤 되면 4·3의 이름은 곧 민중항쟁이라는 것이 아닌가. 좌파 야당이 절대다수인 22대 국회에서 그들 뜻대로 안 될 입법이 어디에 있겠는가.

4·3이 민중항쟁이라면 대한민국은 태어나지 말았어야 할 나라가 된다. 그런데도 이미 태어나 버렸으니 대한민국을 당초 좌파들이 꿈꾸던 나라로 탈바꿈시켜 나갈 과제가 남게 된다. 대한민국의 '건국'을 한사코 부정하면서 '정부수립'에 불과하다고 격하하고, 자유민주주의 대한민국의 기초인 헌법제정일(제헌절)을 기어이 국경일에서 제외시킨 조치 등이 벌써 그 과제 실행의 전 단계 조치가 아니겠는가.

국가의 소멸은 반드시 전쟁으로만 일어나는 것이 아니다. 태어나서는 안 되는 나라였다는 평가가 정론을 이루고 자유민주주의 국가로서의 정체성을 잃으면 전쟁이 없이도 자유 대한민국은 소멸한다. 국호는 그대로일지라도 실체는 이미 다른 나라이다. 아 대한민국은 소멸하고 있는가.

후기 : 사법부에 한 마디

　4·3사건과 관련하여 필자는 2개의 소송을 수행한 바 있었다. 그 하나는 본문에서 언급한 제주도 소재 4·3평화기념관의 전시내용이 공공기관으로서의 공정전시의무에 위배하여 진압의 당위성을 알게 하는 주요사실(남로당의 공산주의 정당으로서의 정체와 공산통일의 목적 등)을 묵비한 불공정한 내용으로 이승만 등의 명예를 훼손하였음을 이유로 한 전시금지 청구 소송이었고, 다른 하나는 문재인 전 대통령이 4·3 추념사에서 4·3사건의 진압이 제주도민의 통일을 향한 꿈을 짓밟은 국가폭력으로써 제주도민의 생명과 인권을 유린하였다고 한 발언이 이승만의 명예를 훼손하였음을 이유로 한 손해배상 청구 소송이었다.

　앞의 소송에서는 1심에서 그 전시내용에 원고 주장의 주요사실이 묵비된 사실은 전제로 하면서도(묵비된 사실에 관하여 피고가 전혀 다투지 아니하였다) 그것이 의도적인 묵비나 은폐로 보기 어렵고 적극적으로 역사적 사실에 반하는 내용을 담고 있지도 않으며 역사적 평가를 표현하지도 않았다는 등 도무지 납득하기 어려운 이유를 나열하면서 '공정전시의무에 위반한 의도적인 묵비로 원고들의 사회적 평가를 저하시켰다고 보기 어렵다'는 이유로 기각되었고(서울중앙지방법원 2016. 1. 29. 선고 2015가합519810 판결), 2심에서는 1심판결의 이유를 그대로 인용하는 방식(2심에서 추가된 청구 부분 제외)으로 원고의 항소를 기각하였으며(서울고등법원 2016. 12. 16. 선고 2016나2010986 판결), 대법원에서는 심리불속행으로 원고의 상고가 기각되었다(대법원 2017. 4. 13. 선고 2017다205059 판결).

　뒤의 소송에서는 1심에서 그 추념사 내용이 이승만과 관련된 사실을 적시하거나 그의 사회적 평가를 침해할 가능성이 있을 정도의 구체적 표현이 있다고 볼 수 없다는 이유로 원고의 청구를 기각하였고(서울중앙지방법원 2023. 6. 29. 선고 2021가합2368 판결), 2심에서는 역시 1심 판결 이유를 그대로 인용하는 방식으로 원고의 항소를 기각하였으며(서울고등법원 2024. 1. 17. 선고 2023나2029964 판결), 대법원에서도 역시 심리불속행으로 원고의 상고가 기각되었다(대법원 2024. 4. 4. 선고 2024다213836 판결).

결국 위 두 소송의 1심이 모두 피고 측의 전시나 발언이 의도적인 것이거나 명시적인 것이 아닌 한 공정성에 문제도 없고 이승만과의 관련성도 인정할 수 없다는 취지인바, 그러한 판단이 과연 수긍될 수 있는 이유인가. 간접적이고 우회적인 방법으로 어떤 사실의 존재를 암시함으로써도 명예훼손을 인정할 수 있다는 대법원 판례(대법원 2007. 12. 27. 선고 2007다29379 판결 등)는 왜 무시되어야 하는가.

그런데 더 이상한 것은 그 두 사건이 모두 2심에서는 1심판결 인용, 대법원에서는 심리불속행으로 독자적인 판결이유를 밝히지 않았다는 점이다. 두 1심판결의 판단에 납득되기 어려운 의문이 많고 이를 맹렬히 지적하는 항소이유서에도 불구하고 두 사건 모두 독자적인 판결이유를 쓰지 못한 채 1심판결 이유를 그대로 인용해 버렸다. 그리고 그 두 사건의 상고이유서 모두에서 원고는 이 사건들이 이승만의 개인적인 문제가 아니라 대한민국 건국을 저지하기 위한 남로당 무장투쟁에 대한 진압의 당위성 등 대한민국 태생의 정당성 여부와 직결된 사건이라는 것, 그러므로 자유민주주의 대한민국 헌법을 수호하는 최후 보루인 대법원이 명시적인 판단을 내림으로써 최고법원으로서의 사명을 다하여 달라고 간곡히 호소하였음에도, 대법원은 두 사건 모두 아무런 이유의 기재가 없이 심리불속행으로 판단을 회피하였다. 이러한 사정은 무엇을 의미하는 것일까.

여기서 필자는 사법부가 좌와 우의 첨예한 이념대립이 쟁점이 된 사건에서는 최대한 몸을 사려 가능한 한 개입을 회피 내지 최소화하려는 입장에서 그러한 판결들이 나온 것이라 생각한다. 사법부의 그런 입장은 일응 이해되기도 한다. 그런데 이념의 문제라도 이들 사건은 바로 대한민국 건국의 정당성 여부, 다시 말하면 건국의 기초인 헌법의 정당성 여부에 직결되는 문제이다. 이런 문제에까지 사법부는 몸을 사려 개입을 피해야 할 것인가. 그렇게 개입을 회피하는 것은 결과적으로 자유 대한민국의 소멸에 사법부가 일조하는 일이 아닌가.

오늘의 사법부와 법관들은 오늘의 자유민주주의 헌법에 의하여 구성되고 임명되었다. 그렇다면 사법부는 자신의 존재의 기초인 자유 대한민국을 수호하고 지키는 것이 당위가 아니겠는가. 그러므로 재판에서 이 문제와 조우하게 되었다면 당당히 맞서 자신의 기초를 지켜야지 이를 회피하는 것은 도리가 아니지 않겠는가. 비록 명시적인 선언까지 하지는 않더라도 건국의 정당성 기조 위에서 재판을 하여야 할 것이 아닌가.

후일의 역사가 사법부의 이러한 나약함 혹은 대세를 살피는 영악함에 어떠한 평가를 내릴 것인지 법관들은 생각해 보기를 바란다.

이 글을 마치면서 사법부에 36년간 몸 담았던 선배로서 마지막 고언을 드린다.

부록

㈜ 특별법이 공포되었을 때 곧바로 그것이 자유민주주의 헌법 질서에 위배 된다는 이유로 헌법재판소에 헌법소원 심판을 청구한 사건이 있었다. 그 사건에서 헌재는 소위 '직접성 없음'을 이유로 각하 결론을 내렸지만 결정 이유에서는 아래와 같은 취지의 의미 있는 판시를 하였다(헌법재판소 2001. 9. 27. 선고 2000헌마238, 302 전원재판부 결정).

1. 남로당 제주도당은 대한민국 건국 저지를 위하여 1948. 4. 3. 경찰관서를 기습 무장공격을 하였는데 이것이 본격적인 4·3사건의 시발점이다.
2. 우리 국민들의 정치적 결단인 자유민주적 기본질서 및 시장경제 원리에 대한 깊은 신념과 준엄한 원칙은 현재뿐 아니라 과거와 미래를 통틀어 일관되게 우리 헌법을 관류하는 지배원리로서 특별법을 포함한 모든 법령의 해석기준이 된다.
3. 대한민국 건국에 필수적 절차였던 제헌의회선거와 대한민국 정부 수립을 저지하고 자유민주적 기본절서를 부정하며, 인민민주주의를 지향하는 북한 공산정권을 지지하면서 미군정기간 공권력의 집행기관인 경찰 등을 가해하기 위하여 무장세력을 조직하고 동원하여 공격한 행위까지 무제한적으로 포용할 수는 없다. 이는 우리 헌법의 기본원리로서의 자유민주적 기본질서와 대한민국의 정체성에 심각한 훼손을 초래하기 때문이다.
4. 특별법의 입법 취지를 고려하는 동시에 우리 헌법의 기본원리 및 대한민국의 정체성을 훼손하지 않는 조화로운 해석을 한다면 무

장유격대에 가담한 자 중에서 수괴급 또는 중간간부, 4·3의 발발에 책임이 있는 남로당 제주도당의 핵심간부, 살인 방화를 적극 주도한 자 등은 우리 헌법 질서에서 보호될 수 없고, 따라서 특별법의 희생자 범위에서 제외되어야 한다.

특별법은 제정 이후의 개정법률은 말할 것도 없고 당초의 법률(2000. 1. 12. 법률 제6117호)도 위와 같은 헌법재판소 결정 이유에 비추어 보면 자유민주주의와 대한민국 정체성을 확보하는 방향으로 전면개정 되어야 한다. 이러한 방향의 전면개정이 오늘의 현실에 비추어 가능할 것인지는 심히 의문이나 당위성의 차원에서 여기에 소개한다.

이 헌재 결정에는 재판관 2인이 본안판단으로 위헌결정을 내려야 한다는 반대의견을 피력하였다. 오늘의 상황에서 되돌아볼 때 그것이 다수의견으로 채택되지 못한 것이 통탄스러운 일이다. 비록 2인의 반대의견이지만 전문을 여기에 옮기는 이유이다.

[4·3관련 헌법재판소 결정문]

헌법재판소 2001. 9. 27. 선고 2000헌마238·302(병합) 전원재판부 [제주4·3사건진상규명및희생자명예회복에관한특별법의결행위취소등]

당 사 자 : (생략)

주 문
청구인들의 심판청구를 각하한다.

이 유

1. 사건의 개요 및 심판의 대상 : (생략)

2. 청구인들의 주장 및 관계기관의 의견 : (생략)

3. 제주4·3사건의 개요 및 피해상황

가. 제주4·3사건의 개요
(1) 제주4·3사건 발발원인 및 진상에 대한 여러 견해
 (가) 제주4·3사건(명칭에 대하여 여러 견해가 있으나 법률에서 정한 명칭을 그대로 사용한다)의 발생원인에 대하여는 사건을 어떠한 시각으로 보느냐에 따라 큰 차이가 있다. 근래에 이르기까지 제주4·3사건은 '공산계열의 사주에 의한 무장폭동'으로 알려져 왔고, 일부 급진적 견해를

가진 측에서도 '궁극적인 목표는 반미 구국운동의 일환으로서 민족해방과 조국통일에 두고, 단기적 목표는 남한의 단독정부와 단독선거를 저지하려는 투쟁'이라고 주장한 바 있다. 그러나 아래에서 보는 1947. 3. 1. 봉기시 민간인 피해가 직접적인 원인이라던가, 미군정수립을 반대하는 것이 그 직접적인 동기라던가, 육지출신 공무원들에 대한 반감과 제주도에서 복무하는 공무원들의 부정부패가 그 원인이라는 분석도 있고, 이러한 인자들이 종합된 민중항쟁이라고 보거나, 좌익계열의 모험적 도발과 미군정과 한국민주당의 과잉진압이 맞물려 일어난 사건이라고 보는 등 다각적인 각도에서 제주4·3사건에 접근하여 그 원인을 분석하는 경향이 새롭게 나타났다. 결국 해방전후의 역사에 대한 인식차이와 당시 제주도의 여러 특수상황에 대한 고려정도에 따라 제주4·3사건의 발생원인 및 성격을 달리 보고 있는 것이다.

(나) 따라서 이 법도 제주4·3사건의 정확한 진상이 무엇이냐를 규명하는 것을 목표로 하고 있고(법 제1조), 이를 위하여 위원회에 진상조사를 위한 자료의 수집 및 분석에 관한 사항을 심의·의결하도록 하였다(법 제3조 제2항 제1호). 그리고 위원회의 의결사항을 실행하고 위원회에서 위임받은 사항을 처리하기 위하여 제주4·3사건진상규명및희생자명예회복실무위원회(이하 '실무위원회'라 한다)를 두도록 규정하고 있다(법 제4조). 나아가 위원회는 제주4·3사건진상조사보고서를 작성하여야 하며, 진상보고서 작성에 있어 객관성과 작업의 원활을 기하기 위하여 제주4·3사건진상보고서작성기획단을 설치할 수 있도록 하고 있다(법 제7조). 따라서 이러한 진상조사기구를 통하여 그간 감추어지거나 왜곡되었던 제주4·3사건의 진실이 규명될 것으로 기대된다.

다만 이 사건 판단을 위하여 변론에서 제출된 증거, 제주도의회 4·3 특별위원회·언론기관·전문가·학자·경험자 등이 발간한 각종 문헌자료 등을 확인·분석한 결과 다음과 같은 사실을 알 수 있다.

(2) 사건의 경과

(가) 1948. 4. 3. 이전의 상황

제2차세계대전 종료 후 제주도에서 흉작이 계속되고, 해외에 이주하였던 제주도민들이 귀국하면서 실업률이 증가한 반면 미군정의 '대일 교역 및 일본상품유통금지'에 따라 제주도의 경제가 급격히 위축되었으며, 제주도가 전라남도에서 분리되어 도(道)로 승격된 속칭 '도제승격'에 따라 제주도민들의 부담이 증가하였고, 미군정의 곡물수집정책에 대하여 제주도 인민위원회가 미곡수집저지운동을 주도하는 등으로 경제적 불안과 미군정에 대한 불만이 점차 심화되었다.

일본제국주의 통치하에서도 지하조직을 유지하였던 세력은 1945. 9. 22. 이미 제주도 인민위원회를 주도적으로 결성하고, 제주도 전역에 자치행정을 실시하여 오던 중 같은 달 28. 제주도에 진주한 미군정이 인민위원회의 활동을 통제하려고 하자 소규모 충돌이 발생하기 시작하였다. 1947. 초 남로당의 지시에 의하여 전국적으로 거행되었던 3·1절 기념 대규모 집회가 제주북국민학교에서 개최되었고, 기념행사 후 관덕정 광장을 향하여 가두시위 중 경찰의 발포에 의하여 제주도민 수명의 사상자가 발생하자 이에 대한 항의표시로 제주도내의 관공서와 학교·직장에서 납세거부 및 파업투쟁이 일어났다.

그러나 이와 같은 제주도민의 반발에 대응하여 미군정과 경찰은 서북청년단 등 지원세력을 증원받아 이를 강경하게 제압하기에 이르렀다. 그

과정에서 산발적인 테러행위와 이를 저지하는 경찰의 예비검속 등 혐의자에 대한 체포, 구금이 계속되었으며, 그로 인하여 속칭 '종달리 사건'과 '2·7사건'에서 보듯이 상호 피해가 속출하였고, 경찰에 연행되었던 일부 청년들이 변사체로 발견되는 등 상황이 악화되었다.

(나) 1948. 4. 3. 이후의 상황

1) 1948. 4. 3. 사건의 본격적인 발발

남로당 제주도당은 1948. 5. 10.에 실시되는 제헌국회의원선거 및 남한단독정부수립을 방해키 위하여 그 해 4. 3. 02:00 제주도내의 오름(기생화산)의 봉화를 신호로 일제히 제주도내 11개 경찰지서를 습격하였다(남로당 중앙당 및 북한과의 사전 공모여부에 대하여는 추후 진상보고기구를 통하여 밝혀질 것으로 예상된다). 이 습격으로 경찰관 사망 4명, 행방불명 3명, 선거관련인사 사망 12명 등의 피해가 발생하였는데 이것이 본격적인 제주4·3사건의 시발점이다(물론 위에서 본 것처럼 제주4·3사건의 원인에 대한 견해를 달리하는 경우 그 발발시점을 1948. 4. 3.보다 앞선 것으로 볼 수도 있으나, 위에서 본 자료들을 종합하면 1948. 4. 3. 동시다발적·조직적·대규모 기습공격이 최초로 이루어졌고, 남로당 제주도당이 남한에서의 단독정부수립 및 단독선거반대를 목적으로 이를 주도한 사실을 인정하기에 넉넉하다. 다만 무장유격대에 대한 남로당 제주도당의 역할, 무장유격대에 가담한 자들의 이념적 성향, 제주4·3사건의 확대과정과 그 이유 등에 대하여는 앞에서 본 진상조사기구를 통하여 자세히 밝혀질 것이다).

초기 미군정과 경찰 수뇌부는 위와 같은 사태를 '치안상황'으로 파악하고, 경찰을 증원하여 진압을 시도하였으나, 효율적인 지원이 이루어지지 아니하여 초기 진압작전은 효과를 거두지 못하였다. 무장유격대는 투표거부운동을 주도하면서 일본군이 남기고 가거나 경찰로부터 노획한 무기로 무장하고, 일본군이 설치하였던 군사시설과 천연동굴 및 한라산을 거점으로 삼고 기습공격을 통하여 경찰관리 및 제헌의회선거에 관여하거나 투표참가를 권유하였던 인물(이하 '경찰등'이라 한다)과 그 가족들을 살해하고, 경찰지서, 학교 등 공공시설과 경찰 등의 주택에 방화하였다. 무장유격대의 이러한 공격과 투표거부운동으로 인하여 제주도 3개 선거구 중 북제주 갑, 을 선거구는 투표자미달로 선거무효가 되고, 남제주 1개 선거구만 선거를 실시하는 등으로 선거가 파행으로 치달았다. 결국 북제주 2개 선거구는 1949. 5. 10. 재선거를 실시하였다.

2) 진압과정 : (생략)

나. 제주4·3사건의 피해상황 : (생략)

4. 법의 제정경위와 목적

가. 법의 제정경위 : (생략)

나. 법의 제정목적

이 법의 제안설명, 목적(제1조), 제정경위 등을 종합하면, 이 법은 제주4·3사건이 발발한지 50년이나 경과되었고, 그 원인과 억울한 희생자에 대하여 많은 논란이 전개되어 왔음에도 국가차원에서의 진상규명이 없었고, 희생자들에 대한 명예회복조치가 이루어지지 아니하였다는 반성적 고려에서 제주4·3사건에 대한 기존의 시각을 새롭게 하려는 것임을 알

수 있다. 즉 무장유격대와 진압군의 틈바구니에서 많은 양민들이 억울하게 희생되었고, 희생자의 유족들 역시 연좌제 등으로 극심한 정신적, 재산적 피해를 입었던 점을 중시하여 제주4·3사건의 진상을 철저히 규명한 뒤 희생자와 그 유족들의 명예를 회복시켜주자는 것이다. 요컨대 억울한 희생을 신원(伸冤)하며, 화해를 통하여 이데올로기 대립으로 인한 상처를 치유함으로써 인권신장 및 민주발전 그리고 국민화합과 민족의 단결에 기여하기 위한 것임을 엿볼 수 있다.

5. 판 단

가. 우리 헌법에서의 자유민주적 기본질서와 그 내용

이 사건 법률조항에 대한 판단에 앞서 관계되는 우리 헌법의 지도원리를 먼저 살펴보기로 한다.

(1) 대한민국의 주권을 가진 우리 국민들은 헌법을 제정하면서 국민적 합의로 대한민국의 정치적 존재형태와 기본적 가치질서에 관한 이념적 기초로서 헌법의 지도원리를 설정하였다. 이러한 헌법의 지도원리는 국가기관 및 국민이 준수하여야 할 최고의 가치규범이고, 헌법의 각 조항을 비롯한 모든 법령의 해석기준이며, 입법권의 범위와 한계 그리고 국가정책결정의 방향을 제시한다.

(2) 먼저 우리 헌법은 전문에 "자율과 조화를 바탕으로 자유민주적 기본질서를 더욱 확고히 하여……"라고 선언하고, 제4조에 "자유민주적 기본질서에 입각한 평화적 통일정책을 수립하고 이를 추진한다."라고 규

정함으로써 자유민주주의 실현을 헌법의 지향이념으로 삼고 있다. 즉 국가권력의 간섭을 배제하고, 개인의 자유와 창의를 존중하며 다양성을 포용하는 자유주의와 국가권력이 국민에게 귀속되고, 국민에 의한 지배가 이루어지는 것을 내용적 특징으로 하는 민주주의가 결합된 개념인 자유민주주의를 헌법질서의 최고 기본가치로 파악하고, 이러한 헌법질서의 근간을 이루는 기본적 가치를 '기본질서'로 선언한 것이다. 우리 재판소도 "우리 헌법은 자유민주적 기본질서의 보호를 그 최고의 가치로 인정하고 있고, 그 내용은 모든 폭력적 지배와 자의적 지배 즉 반국가단체의 일인독재 내지 일당독재를 배제하고 다수의 의사에 의한 국민의 자치, 자유·평등의 기본원칙에 의한 법치주의적 통치질서를 말한다. 구체적으로는 기본적 인권의 존중, 권력분립, 의회제도, 복수정당제도, 선거제도, 사유재산과 시장경제를 골간으로 한 경제질서 및 사법권의 독립 등을 의미한다."고 천명한 바 있다(헌재 1990. 4. 2. 89헌가113, 판례집 2, 49, 64; 1994. 4. 28. 89헌마221, 판례집 6-1, 239, 259-260 참조).

(3) 또한 우리 헌법은 정당에 대하여도 민주적 기본질서를 해하지 않는 범위내에서의 정당활동을 보장하고 있다. 즉 헌법 제8조 제2항 및 제4항에 "정당은 그 목적·조직과 활동이 민주적이어야 하며……", "정당의 목적이나 활동이 민주적 기본질서에 위배될 때에는 ……헌법재판소의 심판에 의하여 해산된다."고 명시하고 있다. 따라서 어떠한 정당이 외형상 민주적 기본질서를 추구한다고 하더라도 그 구체적인 강령 및 활동이 폭력적 지배를 추구함으로써 자유민주적 기본질서를 위반되는 경우 우리 헌법 질서에서는 용인될 수 없는 것이다.

(4) 한편 우리 헌법은 자유민주적 기본질서의 일부인 시장경제 및 사유재산권의 보장에 대하여도 제23조 제1항 전문에서 "모든 국민의 재산권은 보장된다.", 제119조 제1항에서 "대한민국의 경제질서는 개인과 기업의 경제상의 자유와 창의를 존중함을 기본으로 한다."고 각 규정하고 있다. 우리 재판소도 이를 구체화하여 "우리 헌법은 사유재산제도와 경제활동에 관한 사적자치의 원칙을 기초로 하는 자본주의 시장경제질서를 기본으로 하고 있음을 선언하고 있다. 국민 개개인에게 자유스러운 경제활동을 통하여 생활의 기본적 수요를 스스로 충족시킬 수 있도록 하고 사유재산의 자유로운 이용·수익과 그 처분 및 상속을 보장해 주는 것이 인간의 자유와 창의를 보장하는 지름길이고 궁극적으로는 인간의 존엄과 가치를 증대시키는 최선의 방법이라는 이상을 배경으로 하고 있다."라고 밝힌 것이다(헌재 1997. 8. 21. 88헌가19등, 판례집 9-2, 243, 257-258).

물론 우리 헌법은 그 전문에서 "모든 영역에 있어서 각인의 기회를 균등히 하고 ……안으로는 국민생활의 균등한 향상을 기하고"라고 천명하고, 제23조 제2항과 여러 '사회적 기본권' 관련 조항, 제119조 제2항 이하의 경제질서에 관한 조항 등에서 모든 국민에게 그 생활의 기본적 수요를 충족시키려는 이른바 사회국가의 원리를 동시에 채택하여 구현하려하고 있다. 그러나 이러한 사회국가의 원리는 자유민주적 기본질서의 범위 내에서 이루어져야 하고, 국민 개인의 자유와 창의를 보완하는 범위 내에서 이루어지는 내재적 한계를 지니고 있다 할 것이다. 우리 재판소도 "우리 헌법은 자유민주적 기본질서 및 시장경제질서를 기본으로 하면서 위 질서들에 수반되는 모순을 제거하기 위하여 사회국가원리를 수용하여 실질적인 자유와 평등을 아울러 달성하려는 근본이념을 가지고 있다."라고 판시한 것은 이러한 맥락에서 이루어진 것이다(헌재 1998. 5. 28. 96헌가

4등, 판례집 10-1, 522, 533-534; 1996. 4. 25. 92헌바47, 판례집 8-1, 370, 380 참조).

(5) 따라서 우리 헌법은 폭력적, 자의적인 지배 즉 일인 내지 일당독재를 지지하거나, 국민들의 기본적 인권을 말살하는 어떠한 지배원리도 용인하지 않는다. 형식적으로는 권력분립·의회제도·복수정당제도·선거제도를 유지하면서 실질적으로는 권력집중을 획책하여 비판과 견제기능을 무력화하고, 자유·비밀선거의 외형만을 갖춰 구성된 일당독재를 통하여 의회제도를 형해화하거나, 또는 헌법상 보장된 기본권을 인정하지 아니함으로써 사유재산 및 시장경제질서를 부정하는 공산주의를 신봉하는 정당이나 집단은 우리 헌법의 이념과 배치되고, 이러한 이념을 추구한 정당 또는 단체와 그 구성원들의 활동도 헌법과 법률에 의하여 보호되지 아니한다고 할 것이다.

(6) 결국 우리 국민들의 정치적 결단인 자유민주적 기본질서 및 시장경제원리에 대한 깊은 신념과 준엄한 원칙은 현재뿐 아니라 과거와 미래를 통틀어 일관되게 우리 헌법을 관류하는 지배원리로서 모든 법령의 해석기준이 되므로 이 법의 해석 및 적용도 이러한 틀안에서 이루어져야 할 것이다.

나. 이 법에서의 '희생자'에 대한 개념 인식

(1) 이 법은 제2조(정의) 제1호에서 "제주4·3사건이라 함은 1947. 3. 1.을 기점으로 하여 1948. 4. 3. 발생한 소요사태 및 1954. 9. 21.까지 제주도에서 발생한 무력충돌과 진압과정에서 주민들이 희생당한 사건", 제

2호에서 "희생자라 함은 4·3사건으로 인하여 사망하거나 행방불명된 자 또는 후유장애가 남아 있는 자로서 명예회복위원회에 의하여 희생자로 결정된 자"로 각 규정하고 있다. 따라서 이 법 제2조 제1호 및 제2호를 종합하면 이 법에 의한 제주4·3사건의 '희생자'는 '1947년 3월 1일을 기점으로 하여 1948년 4월 3일 발생한 소요사태 및 1954년 9월 21일까지 제주도에서 발생한 무력충돌과 진압과정에서 주민들이 희생당한 사건으로 인하여 사망하거나 행방불명된 자 또는 후유장애가 남아 있는 자로서 제주4·3사건진상규명및희생자명예회복위원회에 의하여 제주4·3사건의 희생자로 결정된 자'로 정의된다. 그러나 위와 같이 희생자의 개념을 정의하더라도 법문 내용 자체가 불분명하여 희생자의 구체적인 범위를 어떻게 인정하여야 할 것인가에 대하여 여러 견해가 있을 수 있다.

(2) 먼저 군경의 진압과정이나 무장유격대의 공격에 의하여 사망 또는 행방불명되거나 후유장애가 남아 있는 자(이하 '사망자등'이라 한다)중 무장유격대 또는 진압군에 가담하지 아니하였던 자들을 희생자로 보는 점에는 이론의 여지가 없다.

(3) 그러나 1947년 3월 1일부터 1954년 9월 21일까지(이하 '사건기간'이라 한다) 무력충돌과 진압과정에서의 사망자등 가운데 남한에서의 인민민주주의 국가건설을 내세워 무장유격대에 직·간접적으로 가담하였던 자들까지 희생자로 인정하여 명예를 회복시켜 주는 것이 우리 헌법의 기본원리와 상충되는 것이 아닌지에 대하여 살펴본다.

(가) 일부 다른 견해도 있지만, 앞서 살핀 것처럼 제주4·3사건은 넓게

는 제2차세계대전 종료 후 파시즘에 공동대항하였던 미·소 양국간의 협력이 종료되면서 자본주의와 공산주의의 체제대립이 시작되는 국제적 파고 속에서 국내적으로는 미국의 한시적 군정 중 생소한 좌우이데올로기 및 통일국가에 대한 의견대립의 소용돌이를 거치면서 건국을 앞두고 물리적 충돌로 발생한 비극적 사건이었다. 특히 제주도는 섬이라는 제한된 공간에서 혈연적·집단적인 부락공동체를 이루어 살던 탓으로 보복이 상승되고, 악순환되어 피해가 확대된 면이 두드러지게 나타난다.

따라서 이러한 당시의 여러 정황을 참작하고, 사건 발생일로부터 반세기나 경과한 오늘에서 뒤돌아볼 때 무장유격활동에 가담하였던 자들도 잘못된 선택을 한 역사의 희생자로 보아 모두 희생자로 인정할 수 있다는 견해가 제기될 수 있다.

(나) 그러나 대한민국의 건국에 필수적 절차였던 5·10제헌의회선거와 남한의 단독정부수립을 저지하고, 자유민주적 기본질서를 부정하며, 인민민주주의를 지향하는 북한 공산정권을 지지하면서 미군정기간 공권력의 집행기관인 경찰과 그 가족, 제헌의회의원선거 관련인사·선거종사자 또는 자신과 반대되는 정치적 이념을 전파하는 자와 그 가족들을 가해하기 위하여 무장세력을 조직하고 동원하여 공격한 행위까지 무제한적으로 포용할 수는 없다. 이는 우리 헌법의 기본원리로서의 자유민주적 기본질서와 대한민국의 정체성에 심각한 훼손을 초래하기 때문이다.

(다) 다만 희생자의 범위를 정함에 있어 위에서 본 바와 같이 이 법이 제주4·3사건의 혼란 중에 군과 경찰의 과도한 진압으로 인하여 무고하게 생명을 잃거나, 상해를 입은 자들을 신원(伸寃)하고, 화해를 통하여 이데

올로기의 대립으로 인한 상처를 치유함으로써 민족화해와 민주발전을 도모하며, 인도와 동포애로써 민족의 단결을 공고히 할 목적으로 제정되었고, 그 제정과정에서 많은 우여곡절을 겪었음을 감안하면 가능한 한 희생자의 범위를 폭넓게 인정함으로써 입법의 취지를 살리는 동시에 우리 헌법의 기본원리 및 대한민국의 정체성을 훼손되지 않는 조화로운 법률인식이 필요하다고 할 것이다.

이러한 입장에서 본다면 사건 기간 중 제주4·3사건과 관련한 사망자 등 가운데 자유민주적 기본질서와 이에 부수되는 시장경제질서 및 사유재산제도를 반대한 자 가운데 그 정도를 살펴 희생자 결정 대상에서 제외해나가는 방법을 채택하는 것이 우리 헌법의 이념과 이 법의 입법목적에 부합할 것이다.

(라) 결국 무장유격대에 가담한 자 중에서 수괴급 공산무장병력지휘관 또는 중간간부로서 군경의 진압에 주도적·적극적으로 대항한 자, 모험적 도발을 직·간접적으로 지도 또는 사주함으로써 제주4·3사건 발발의 책임이 있는 남로당 제주도당의 핵심간부, 기타 무장유격대와 협력하여 진압 군경 및 동인들의 가족, 제헌선거관여자 등을 살해한 자, 경찰등의 가옥과 경찰관서 등 공공시설에 대한 방화를 적극적으로 주도한 자들은 결코 현재 우리의 헌법질서에서 보호될 수 없을 것이고, 따라서 이 법에서의 희생자의 범위에서 제외되어야 할 것이다.

(마) 이 법문에 의하더라도 무력충돌과 진압으로 인한 모든 피해자를 희생자로 지칭할 것은 아니다. 즉, 희생자를 '주민'으로 특정하고 있고, 사망자등으로 신고된 자 중 위원회의 심사·결정이 이루어진 자를 희생자

로 규정하고 있다(제2조 제2호). 위원회는 국무총리를 위원장으로, 법무부장관·국방부장관·행정자치부장관 등 여러 장관들과 국무총리가 위촉하는 유족대표·관련전문가 기타 학식과 경험이 풍부한 자 등 20인 이내의 위원으로 구성되어 있고(이 법 시행령 제3조), 구성원들의 인적구성과 그들의 지위·학식·경험에 비추어 볼 때 위원회가 단지 위 사건 기간 내에 제주4·3사건과 관련되어 사망하였는지 여부를 심사하는 형식적 권한만 있다고 보기는 어렵다. 오히려 사건 기간 중 제주4·3사건과 관련되어 사망한 자 중 자유민주적 기본질서를 훼손하려고 하였던 자들을 제외할 수 있는 재량까지 위임한 것으로 보아야 한다. 위원회가 단순히 사건기간 내에 제주4·3사건과 관련하여 사망하였는지 여부에 대한 결정만을 하는 것이라면 굳이 실무위원회의 조사와(이 법 제4조) 위원회의 희생자심사결정이라는 이중적인 절차를 거칠 필요가 없고, 실무위원회의 조사에 대한 가부결정만으로 충분하며, 위와 같은 고위급 공직자와 학식 및 경험이 풍부한 전문가를 위원으로 구성할 필요성도 없기 때문이다.

다. 이 사건 심판청구의 적법여부

직권으로 이 사건 심판청구의 적법여부에 대하여 살펴본다.

(1) 직접성의 요건

우리 국민들은 헌법과 법률을 통하여 헌법재판소로 하여금 법령에 대한 헌법소원심판을 가능하게 하였다. 그러나 우리 재판소는 헌법에 규정된 삼권분립제도, 법령에 대한 헌법소원이 가지는 법적, 사회적인 광범위한 영향력을 고려하여 개개의 국민이 추상적인 법령의 헌법위반여부에 대한 심판청구를 허용하여 온 것은 아니다.

즉, 입법권자의 공권력의 행사로 만들어진 법률에 대하여 곧바로 헌법소원심판을 청구하려면 우선 청구인 스스로가 당해 규정에 관련되어야 하고, 당해 규정에 의해 현재 기본권의 침해를 받아야 하며, 그 침해도 법률에 따른 집행행위를 통하여서가 아니라 직접 당해 법률에 의하여 기본권침해를 받아야 할 것을 요건으로 한다. 여기서 법률에 의하여 직접 기본권의 침해를 받는다고 함은 집행행위에 의하지 아니하고 법률 그 자체에 의하여 자유의 제한, 의무의 부과, 권리 또는 법적 지위의 박탈이 생기는 경우를 말한다(헌재 1989. 7. 21. 89헌마12, 판례집 1, 128, 129; 헌재 1991. 2. 2. 91헌마1, 판례집 3, 7, 9; 헌재 1998. 2. 27. 96헌마134, 판례집 10-1, 176, 182; 헌재 1998. 5. 28. 96헌마151, 판례집 10-1, 695, 701 참조).

(2) 이 사건의 직접성 판단

위에서 본 바와 같이, 이 법 제2조 제1호 및 제2호를 종합하면 이 법에 의한 제주4·3사건의 '희생자'는 '1947년 3월 1일을 기점으로 하여 1948년 4월 3일 발생한 소요사태 및 1954년 9월 21일까지 제주도에서 발생한 무력충돌과 진압과정에서 주민들이 희생당한 사건으로 인하여 사망하거나 행방불명된 자 또는 후유장애가 남아있는 자로서 제주4·3사건진상규명및희생자명예회복위원회에 의하여 제주4·3사건의 희생자로 결정된 자'로 정의된다. 따라서 이 법은 '희생자'의 범위를 스스로 확정적으로 규율하지 않고 있으며, '희생자'에 해당하는지 여부의 결정을 위원회에 위임하고 있다. 그 결과 '희생자'에 해당하는지 여부는 위원회의 결정이라는 구체적 집행행위를 통하여만 비로소 밝혀질 수 있다.

2001. 5. 31. 희생자신고의 접수가 마감되고, 희생자 여부에 관한 심

의·결정의 전 단계로서 희생자신고서 및 구비서류의 기재내용 등에 관한 사실조사가 착수된 상태에 있다. 위원회가 장차 '희생자' 여부를 결정함에 있어서는 이 법의 해석 및 적용의 기준에 관하여 위에서 밝힌 바와 같이, 수괴급 공산무장병력지휘관 또는 중간간부로서 군경의 진압에 주도적·적극적으로 대항한 자, 모험적 도발을 직·간접적으로 지도 또는 사주함으로써 본격적인 제주4·3사건 발발의 책임이 있는 남로당 제주도당의 핵심간부, 기타 주도적·적극적으로 살인·방화 등에 가담하여 자유민주적 기본질서의 본질을 훼손하였던 자들을 희생자로 결정하여서는 아니될 것이다. 위원회가 위와 같은 자들에 대한 희생자신청을 기각하는 경우에는 청구인들이 주장하는 바와 같은 청구인들의 명예권, 평등권 등 기본권침해의 문제가 야기될 수 없다. 설혹 위원회가 위와 같은 자들을 희생자로 인정하는 경우일지라도 청구인들이 주장하는 바의 기본권침해는 위와 같은 자들을 희생자로 결정한 위원회의 구체적 집행행위에 기인하는 것일 뿐이다.

요컨대, 청구인들이 주장하는 기본권침해는 이 법 자체에 의하여 직접 발생하는 것이 아니라, 위원회의 '희생자' 결정이라는 구체적 집행행위를 통하여 비로소 발생하는 것이므로 이 사건 법률조항만으로는 직접 기본권을 침해하는 것은 아니다. 따라서 이 사건 심판청구는 법률에 대한 헌법소원의 요건을 갖추지 못한 것으로서 부적법하다.

이와 같이 이 사건 심판청구가 법률에 대한 헌법소원의 요건을 갖추지 못하여 부적법한 이상, 청구인들이 이 사건 헌법소원심판청구를 할 수 있는 자기관련성이 있는지 여부, 침해된 기본권의 존재여부, 입법권·사법권·자유민주적 기본질서의 침해여부, 포괄위임입법금지원칙의 위배 여부 등에 대한 판단은 더 나아가 따질 필요가 없다.

6. 결 론

따라서 아래 7.과 같은 재판관 권성, 재판관 주선회의 위헌의견이 있는 외에는 관여 재판관 전원의 일치된 의견으로 주문과 같이 결정한다.

7. 재판관 권성, 재판관 주선회의 위헌의견

우리는 이 사건 심판청구가 법률에 대한 헌법소원에서 요구되는 직접성요건을 결여하여 부적법하다는 다수의견에 반대하며, 이 심판청구는 적법하고 나아가 이 사건 법률조항은 헌법에 위반된다고 생각하므로 다음과 같이 반대의견을 밝힌다.

가. 적법요건에 대한 판단

(1) 직접성요건

다수의견은, 헌법의 기본이념 및 이 법의 조문들을 종합하면 위원회가 희생자 심사·결정 과정에서 무장유격대의 살인·방화 등에 주도적·적극적 역할을 한 자들을 희생자로 결정하지 아니할 재량이 있고, 위원회의 희생자결정이 이루어지지 아니한 현상태에서는 청구인들의 기본권침해가 발생하였는지 여부에 대한 판단이 불가능하므로 법률에 대한 헌법소원의 적법요건인 직접성이 없어 이 사건 심판청구를 각하한다는 것이다.

(가) 그러나 이 법(제2조 제2호)은 '희생자'를 "무력충돌과 진압과정에서 주민들이 희생당한 사건으로서 위원회가 희생자로 결정한 자"라고 규정하고 있을 뿐 다수의견과 같이 무장유격대에 주도적·적극적으로 활동하였거나, 남로당 제주도당 간부로 활동하면서 제주4·3사건의 발발에 대한 책임이 있거나, 살인·방화에 가담한 자를 희생자결정에서 제외할 수

있다는 법률적 근거규정을 두지 아니하였다. 이 법에 의하면 위원회는 희생자로 신고된 자가 제주4·3사건과 관련하여 사망하였거나 행방불명되었거나 후유장애가 남아 있는지에 대한 최종적인 판단을 할 권한만 가질 뿐이다. 즉 위원회는 희생자로 신고된 자가 자유민주적 기본질서를 훼손하였다는 이유로 그 희생자신청을 기각할 권한이 없는 것이다. 따라서 이 법에 의하면, 특별한 사정이 없는 한 제주4·3사건 관련 피해자는 공산무장유격활동에 어느 정도 관여하였는지를 불문하고 모두 희생자에 포함되고, 위원회가 정하는 방법에 의하여 동인들의 명예가 회복된다고 보아야 한다. 이는 다수의견도 인정하는 바와 같이, 제주4·3사건의 진상을 철저히 규명함과 아울러 건국초 좌우 이념대립의 혼란기에 미군정 및 신생 대한민국 정부에 반대하다가 희생된 자들을 인도주의적 차원에서 용서하고 포용함으로써 인권신장 및 민주발전 그리고 국민화합과 민족의 단결에 기여하고자 한다는 이 법의 입법목적에 비추어 자연스러운 해석이라고 할 것이다. 결국 이 법이 위원회의 희생자결정이라는 집행행위를 예정하고 있더라도 그 과정에서 공산무장유격활동에 대한 판단이 이루어지는 것이 아니므로 청구인들의 헌법상 보장된 기본권침해 가능성은 위원회의 희생자결정의 유무나 내용에 의하여 좌우될 수 없는 상태에 있는 것이다.

(나) 무릇 법령에 대한 헌법소원에 있어서 '기본권침해의 직접성'을 요구하는 이유는, 법령은 일반적으로 구체적인 집행행위를 매개로 하여 비로소 기본권을 침해하게 되므로 기본권의 침해를 받은 개인은 먼저 일반쟁송의 방법으로 집행행위를 대상으로 하여 기본권침해에 대한 구제절차를 밟는 것이 헌법소원의 성격상 요청되기 때문이다(헌재 1998. 4. 30. 97헌마141, 판례집 10-1, 496, 503). 그리고 구체적 집행행위가 존재한

경우라고 하여 언제나 반드시 법률자체에 대한 헌법소원심판청구의 적법성이 부정되는 것은 아니다. 즉 집행행위가 존재하는 경우라도 그 집행행위를 대상으로 하는 구제절차가 없거나 구제절차가 있다고 하더라도 권리구제의 기대가능성이 없고 다만 기본권침해를 당한 청구인에게 불필요한 우회절차를 강요하는 것밖에 되지 않는 경우에는 당해 법률을 직접 헌법소원의 대상으로 삼을 수 있다(헌재 1997. 8. 21. 96헌마48, 판례집 9-2, 295, 304). 또한 법규범이 집행행위를 예정하고 있더라도 법규범의 내용이 집행행위 이전에 이미 국민의 권리관계를 직접 변동시키거나 국민의 법적 지위를 결정적으로 정하는 것이어서 국민의 권리관계가 집행행위의 유무나 내용에 의하여 좌우될 수 없을 정도로 확정된 상태라면 그 법규범의 권리침해의 직접성이 인정된다(헌재 1997. 7. 16. 97헌마38, 판례집 9-2, 94, 104).

(다) 위에서 본 바와 같이 이 법의 입법목적에 비추어 볼 때 위원회의 희생자결정은 형식적인 심사과정으로 운영될 것이 예상되므로, 이를 집행행위라고 하더라도 그와 같은 집행행위와는 관계없이 청구인들의 기본권침해 가능성이 이미 예정되어 있고, 뿐만 아니라 뒤에서 보는 바와 같이 위원회의 결정에 대하여 청구인들이 행정소송 등 구제절차를 제기할 수 있는지 여부가 불분명하고, 제기한다 하더라도 원고적격 결여 등으로 권리구제의 기대가능성이 없고 다만 청구인들에게 불필요한 우회절차를 강요하는 것밖에 되지 않는 것이므로 청구인들의 기본권침해에 대하여는 이 사건 법률조항에 대하여 직접 헌법소원을 제기하는 방법밖에 없다고 할 것이다. 따라서 이 사건 심판청구는 직접성요건을 갖추었다고 보아야 한다.

(2) 기타의 적법요건

(가) 헌법소원은 주관적 기본권보장과 객관적 헌법보장 기능을 함께 가지고 있으므로 권리귀속에 대한 소명만으로써 자기관련성을 구비한 여부를 판단할 수 있다(헌재 1994. 12. 29. 89헌마2, 판례집 6-2, 395, 407). 2000헌마238사건의 청구인 박ㅇ주는 부(父) 박ㅇ경이 국방경비대 내부의 공산무장유격대 동조자에 의하여 피살되었고, 청구인 정ㅇ휴도 무장유격대에 의하여 가족들이 피살되었다. 2000헌마238사건의 나머지 청구인 이ㅇ승 외 11명(일반시민인 청구인 이ㅇ식은 제외)은 모두 제주4·3사건의 진압에 직·간접적으로 관여한 자들이다. 2000헌마302사건의 청구인 유ㅇ흥 외 6명은 제주4·3사건 진압에 직접 참여한 군인이고, 청구인 박ㅇ주는 위와 같다. 청구인 정ㅇ화 외 161명은 6·25동란에 직접 참여하여 제주4·3사건 기간 중 공산무장유격대의 활동 당시 이들과 이념적 연대를 가지면서 신생 대한민국을 침범한 북한공산군에 맞서 싸운 자들이다. 따라서 위 청구인들은 이 사건 법률조항으로 인하여 헌법상 보장된 기본권이 침해되었다고 다투고 있고, 권리귀속에 대한 소명이 충분하다고 판단되므로 위 청구인들(일반시민인 청구인 이ㅇ식은 제외)의 자기관련성이 인정된다.

(나) 또한 이 법에 의하면 조만간(위원회는 2001. 5. 31. 희생자신고 접수를 마감하고 신고서 및 구비서류의 기재내용 등에 관한 사실조사에 착수한 상태이다) 공산무장유격대활동에 가담하였던 자들에 대한 희생자결정과 명예회복이 이루어질 것을 예상할 수 있으므로 기본권침해의 현재성 요건을 갖추었고, 청구인들은 이 법이 시행된 2000. 4. 13.로부터 60일 이내인 2000. 4. 6. (2000헌마238 사건), 같은 해 5. 10.(2000헌마

302 사건) 이 헌법소원심판을 청구하였으므로 청구기간을 모두 준수하였으며, 기타 권리보호의 이익도 있으므로 청구인들의 이 사건 심판청구는 적법하다.

나. 본안에 대한 판단

우리는 공산무장유격대나 진압군에 가담하지 아니하였음에도 군경의 진압과정이나 무장유격대의 공격에 의하여 사망 또는 행방불명되었거나 후유장애가 남아있는 자를 희생자로 인정하고, 동인들의 명예를 회복하는 것에는 어떠한 헌법적 문제점도 없다고 보는 점에서 다수의견과 견해를 같이한다. 그러나 우리는 제주4·3사건이 자유민주적 기본질서를 파괴하려는 공산무장세력이 주도한 반란이었고, 이러한 반란행위에 직·간접적으로 가담한 자들은 모두 우리 헌법질서를 파괴하려던 자들이므로 그들의 명예를 회복시키는 것은 청구인들의 헌법상 보장된 기본권을 침해하고 우리 헌법의 기본이념인 자유민주적 기본질서에 반하며, 적법절차원칙에도 어긋나므로 위헌이라고 생각한다.

(1) 기본권의 침해

(가) 이 법은 이 법에서 정한 절차만으로, 자유민주적 기본질서를 붕괴시키고 인민민주주의이념에 따른 국가건설을 주도하였던 무장유격대 가담자들을 희생자로 인정하여 명예가 회복되도록 규정하고 있을 뿐만 아니라 정부의 예산으로 그들에 대한 위령묘역 및 위령공원 조성, 위령탑 건립 등을 지원하도록 규정하고 있다. 대립당사자의 일방에 대하여 영혼을 위로하거나, 명복을 비는 것을 넘어서 명예를 회복시켜 준다는 것은 필연적으로 반대 당사자의 명예에 대한 손상을 의미하는 것이다. 이 법에

의하여 공산무장유격대 가담자들의 명예가 회복된다면 자유민주적 기본
질서를 추구한 대한민국의 건국 직전 또는 그 직후 국가의 명령에 의하여
또는 공산주의이념에 반대하여 공산무장유격대의 토벌에 직·간접적으로
참여하였던 자 또는 그들에 의하여 피살되었던 자와 그 유족들의 명예가
불가피하게 훼손된다고 할 것이다.

한편 우리 헌법은 인간의 존엄과 가치 및 행복추구권을 기본권 보장
의 종국적 목적으로 보고 있고, 우리 헌법재판소도 "헌법 제10조는 인
간으로서의 존엄과 가치를 가지며 행복을 추구할 권리가 있다고 규정하
고 있는바, 이로써 모든 국민은 그의 존엄한 인격권을 바탕으로 하여 자
신의 생활영역을 형성해 나갈 수 있는 권리를 가지는 것"이고(헌재 1997.
3. 27. 95헌가14등, 판례집 9-1, 193, 204), "모든 권리의 출발점임 동시
에 그 구심점을 이루는 인격권…"이라고 천명한 바 있다(헌재 1991. 9. 16.
89헌마163, 판례집 3, 518, 524). 그런데 이 법은 공산무장유격대 활동에
관여한 모든 자들의 명예를 회복시켜 줌으로써, 청구인들 중 공산무장유
격대 활동에 관여한 자들의 토벌에 직·간접적으로 참여하였거나 공산무
장유격대 활동에 관여한 자들에 의하여 가족을 잃은 자의 명예에 관한
권리의 근원인 인격권을 침해하는 것이다.

(나) 다수의견이 지적한 바와 같이 우리 헌법은 자유민주적 기본질서
를 헌법의 기본원리로서 인정하고 있고, 이러한 자유민주적 기본질서에
근거하여 평화로운 생존권을 향유하는 것은 자유민주국가의 구성원으로
서 가지는 기본적 권리라고 할 것이다. 한편 우리 헌법은 국가로 하여금
범죄의 발생을 예방, 진압할 책임을 부담케 하면서 범죄가 발생한 경우
이에 대한 국가의 배상책임 및 피해자에 대한 사회보장적 성격의 피해자

구제제도를 규정하고 있고(헌법 제30조), 이와 함께 형사피해자의 재판절차진술권을 보장하고 있다(헌법 제27조 제5항).

그런데 이 법은 자유민주적 기본질서를 옹호하였던 청구인들의 부모와 가족을 살해하고 가옥을 방화하였던 집단과 그 구성원들에 대한 동조자들이 오히려 그들의 당시 행위가 '강요된 저항'이었고 미제국주의자와 그 하수인인 한민당 또는 이승만 정권의 무차별적인 탄압에 맞선 '자력구제행위'였다고 강력히 주장하고 있음에도, 그들을 희생자로 인정하여 명예를 회복하고, 국가예산으로 위령탑을 건립하는 등으로 추모하도록 함으로써 공산무장유격대원들에 의하여 가족들이 희생당한 청구인들의 헌법상 보장된 평화적 생존권과 피해자의 권리 및 재판절차진술권을 직접 침해하는 것이라고 할 수 있다.

(다) 또한 이 법은 청구인들로 하여금 가해자들에 대한 위령과 추모를 강제함으로써 청구인들의 인간으로서의 존엄과 가치를 침해하였다. 즉 이 법에 의하면 용서와 화합이라는 명분으로 제주4·3사건의 가해자와 희생자를 한꺼번에 위령하고 추모하도록 하고 있고, 이러한 위령과 추모는 동일한 장소에서 이루어질 것이 분명하다. 그러나 청구인 박ㅇ경, 정ㅇ휴의 가족들을 살해하였던 공산무장유격대와 이념적으로 같은 목표를 지향하고 있는 집단이 현재에도 우리와 대치하고 있으며, 그 집단은 공산무장유격대의 위와 같은 살상행위를 찬양하면서 일부 공산무장유격대장을 애국열사로 숭배하고 있는 현실에서, 가해자였던 공산무장유격대원들과 그들에 의하여 살해당한 피해자들을 동일한 장소에서 위령한다거나 추모하도록 하는 것은 무장유격대원들로부터 살해당한 자들과 그들의 후손인 청구인들의 명예가 한꺼번에 훼손될 뿐만 아니라 후손들로 하여금 가해

자에 대한 위령과 추모를 강제하는 것이 되어 그들의 인간으로서의 존엄과 가치를 침해하는 것이 될 것이다.

(2) 자유민주적 기본질서의 위배

(가) 헌법의 기본원리는 헌법의 이념적 기초인 동시에 헌법을 지배하는 지도원리로서 입법이나 정책결정의 방향을 제시하며 공무원을 비롯한 모든 국민·국가기관이 헌법을 존중하고 수호하도록 하는 지침이 되며, 구체적 기본권을 도출하는 근거로 될 수는 없으나 기본권의 해석 및 기본권제한입법의 합헌성 심사에 있어 해석기준의 하나로서 작용한다(헌재 1996. 4. 25. 92헌바47, 판례집 8-1, 370, 380). 자유민주적 기본질서는 우리 헌법의 지도이념이고, 현재 우리가 누리고 있는 자유와 번영의 초석이다. 뿐만 아니라 우리 헌법재판소는 "헌법상 통일관련 규정들은 통일의 달성이 우리의 국민적·국가적 과제요 사명임을 밝힘과 동시에 자유민주적 기본질서에 입각한 평화적 통일 원칙을 천명하고 있는 것이다. 따라서 우리 헌법에서 지향하는 통일은 대한민국의 존립과 안전을 부정하는 것이 아니고, 또 자유민주적 기본질서에 위해를 주는 것이 아니라 그것에 바탕을 둔 통일인 것이다."라고 설시하여 자유민주적 기본질서에 입각한 통일이 이루어져 할 것임을 밝힌 바 있다(헌재 2000. 7. 20. 98헌바63, 판례집 12-2, 52, 62). 이러한 자유민주적 기본질서는 우리 헌정사상 여러 차례 도전을 받았는데, 위에서 본 것처럼 제주4·3사건은 자유민주적 기본질서의 수립에 필수적이었던 제헌의회선거를 조직적으로 저지하려는 시도였고, 가장 심각한 위협이었던 북한의 6·25 남침은 자유민주적 기본질서에 대한 결정적인 도전이었다.

(나) 우리 헌법재판소는 현단계에서의 북한은 조국의 평화적 통일을 위한 대화와 협력의 동반자임과 동시에 대남적화노선을 고수하면서 우리 자유민주주의체제의 전복을 획책하고 있는 반국가단체의 성격도 함께 가지고 있다고 보았고(헌재 1997. 1. 16. 92헌바6등, 판례집 9-1, 1, 23-24), 이같은 시각은 "북한은 대남적화혁명노선을 변경함이 없이 그 노선에 따른 각종 공작과 도발을 여전히 자행하면서 대한민국의 존립·안전이나 자유민주적 기본질서를 위태롭게 할 각종 활동을 계속하고 있으므로 …"라는 결정까지 계속 유지되어 왔다(헌재 1998. 8. 27. 97헌바85, 판례집 10-2, 407, 415; 그밖에 1997. 6. 26. 96헌가8등 판례집 9-1, 578, 592 참조). 북한의 위와 같은 대남적화전략이 변경되었다고 확신할 상황의 변화가 없고, 남북한이 엄연히 정전협정에 의하여 군사적 대치관계를 유지하고 있으며, 북한이 6·25 도발에 대한 사죄와 민간인 학살 등 그동안의 비인도적 행위에 대한 반성의 태도를 전혀 나타내지 않고 있는 반면에, 우리 대한민국 내에서도 북한의 통일정책을 지지하는 일부 세력이 엄연히 존재하고 있는 현실에 비추어 볼 때 과거 자유민주적 기본질서를 전복하려고 하였거나, 북한체제를 지지하였던 자들을 모두 역사의 희생자로 간주하여 무조건적으로 관용하고, 화해하는 방편으로 그들의 명예를 회복시켜 주는 것은 우리 스스로 자유민주적 기본질서의 토대를 약화시키고, 결과적으로 현재 우리가 누리고 있는 자유와 번영을 일순간에 무너뜨릴 수 있는 단초를 제공할 수도 있다는 우려를 자아내게 하는 것이다.

(3) 적법절차원칙의 위반

(가) 우리 헌법 제12조 제1항 후문은 "누구든지 법률에 의하지 아니하고는 체포·구속·압수·수색 또는 심문을 받지 아니하며, 법률과 적법

한 절차에 의하지 아니하고는 처벌·보안처분 또는 강제노역을 받지 아니한다."라고 규정하여 적법절차의 원칙을 헌법원리로 수용하고 있는바, 이러한 적법절차의 원칙은 비단 신체의 자유(헌법 제12조)에서만이 아니고 모든 기본권보장과 관련이 있는 것이고, 법치주의의 구체적 실현원리라고 할 것이다(헌재 1992. 11. 12. 91헌가2, 판례집 4, 713, 722).

현행 헌법에 규정된 적법절차의 원칙을 어떻게 해석할 것인가에 대하여 표현의 차이는 있지만 대체적으로 적법절차의 원칙이 독자적인 헌법원리의 하나로 수용되고 있으며 이는 절차의 적법성뿐만 아니라 절차의 적정성까지 보장되어야 한다는 뜻으로 이해하는 것이 마땅하다. 다시 말하면 형식적인 절차뿐만 아니라 실체적 법률 내용이 합리성과 정당성을 갖춘 것이어야 한다는 실질적인 의미로 확대해석하고 있다. 우리 헌법재판소는 이 적법절차의 원칙의 적용범위를 형사소송절차에 국한하지 않고 모든 국가작용에 대하여 문제된 법률의 실체적 내용이 합리성과 정당성을 갖추고 있는지 여부를 판단하는 기준으로 적용된다고 판시하고 있다(헌재 1998. 5. 28. 96헌바4, 판례집 10-1, 610, 617- 618).

(나) 그러나 이 법은 위에서 본 것처럼 위원회로 하여금 희생자를 심사·결정하는 방법이나 구체적인 절차를 규율하고 있지 않으며, 다만 누구든지 제주4·3사건과 관련하여 자유롭게 증언할 수 있다는 규정(제5조)만을 두고 있을 뿐이다. 따라서 희생자를 결정함에 있어서 희생자로 신고된 자들로부터 피해를 입은 자가 피해사실을 신고한다든지 희생자 신청이 된 자가 희생자로 지정되기에 합당하지 않다는 결정에 필요한 자료를 제출할 권리 및 위 희생자 결정절차에 당사자로 참여하여 진술할 청문의 기회가 제공되지 아니하며, 따라서 변호인의 선정권이나 희생자로 신청된

자의 가해사실을 입증할 증인의 소환권 등이 보장되지 않고 있다. 즉 이 법은 피해신고자의 신고 이후에는 실무위원회의 일방적인 조사와 위원회의 심의·의결에 의해서 희생자가 결정되도록 규정하고 있어서, 희생자로 신고된 자로부터 피해를 입은 당사자들에게 충분한 권리구제 및 소명의 기회를 제공하지 않고 있는 것이다.

헌법 제107조 제3항은 행정심판에 관하여 재판의 전심절차로서 행정심판을 할 수 있으며 행정심판의 절차는 법률로 정하되 사법절차가 준용되어야 한다고 규정함으로써 행정심판에 있어서도 사법절차, 즉 대심적 심리구조와 당사자의 절차적 권리를 보장하고 있는데(헌재 2000. 6. 1. 98헌바8, 판례집 12-1, 590, 601 참조), 우리 헌법의 기본이념인 자유민주적 기본질서와 직접 관련된 제주 4·3사건의 희생자결정에 이해관계인의 참여권을 보장하지 않고, 나아가 그 희생자결정에 대하여 이의가 있는 자가 법원에 소송을 제기하여 그 결정의 적법여부를 다툴 수 있는 길을 마련하고 있지 않는 이 법은 결국 헌법상의 적법절차원칙에 위배된다고 볼 수밖에 없다.

다. 결론 및 여론(餘論)

우리는, 헌법수호의 최후의 보루인 우리 헌법재판소가 국가정체성의 근간인 자유민주적 기본질서에 관련된 이 사건에 대하여 정면으로 본안판단을 해야 하고 그 결과 이 사건 법률조항은 위에서 본 바와 같이 청구인들의 기본권을 침해하고 자유민주적 기본질서에 위반되며 적법절차에도 어긋나 위헌이라는 결론에 이르렀으며, 아울러 다음과 같은 점을 추가하고자 한다.

과문한 탓인지 몰라도 북한에서 이념대립으로 희생된 우익인사들을 희생자로 인정하여 명예를 회복하거나, 추모한 사실을 들은 바 없다. 그리고 이념대립으로 인한 내전 중에 발생한 반대 측의 인명피해에 대하여 정치적 선언을 하거나 또는 사망한 자들의 영혼을 위로하는 것은 몰라도 용서와 화해의 차원을 넘어서 법률로 그들의 명예까지 회복시켜 준다는 것은 역사상 유례가 없는 것으로 알고 있다. 또한 위에서 설시한 것처럼 현재 남북한 관계는 대립과 화해라는 이중적 측면이 계속 유지되고 있고, 갈등과 대립은 휴화산처럼 그 변화를 예측하기 어려운 상태에 있음을 누구도 부인하기 어렵다. 우리는, 이러한 남북한관계의 현실에 비추어 볼 때 이념대립으로 인한 충돌로 발생하였던 상처의 치유는 이와 같은 갈등과 대립이 해소된 후에 이루어져도 늦지 않다고 생각한다.

재판관 윤영철(재판장) 한대현 하경철 김영일 권 성 김효종 김경일 송인준(주심) 주선회

참고문헌

국가발전미래교육협의회 제주지회, 제주도의 4월 3일은?, 도서출판 디딤돌, 2010.
김남식, 남로당 연구, 돌베개, 1984.
김봉현 김민주, 제주도 인민들의 무장투쟁사, 문우사, 1963.
김영중, 레베데프 비망록, 대구 매일신문, 1995.
김영중, 남로당제주도당 지령서 분석 제2판, 퍼플 2023.
나종삼, 제주4·3사건의 진상, 아성사, 2013.
나종삼, 진상조사보고서 작성을 돌이켜 보면서, 본질과 현상(2013. 가을호).
박갑동, 박헌영 그 일대기를 통한 한국현대사의 재조명, 인간사, 1983.
박지향 김철 김일영 이영훈, 해방전후사의 재인식, 책세상, 2006.
신상준, 제주도4·3사건 상권, 한국복지행정연구소, 2000.
신상준, 제주도4·3사건 하권, 한국복지행정연구소, 2002.
양조훈 등 3인 공저, 4·3은 말한다. 4권, 도서출판 전예원, 1997.
양조훈, 4·3 그 진실을 찾아서, 도서출판 선인, 2015.
이정, 박헌영 전집 제6권, 제9권, 역사비평사, 2004.
제주도경찰국, 제주경찰사, 1990.
제주도지방경찰청, 제주경찰사, 2000.
제주4·3사건진상규명및희생자명예회복위원회, 제주4·3사건자료집 2, 2001.
제주4·3사건진상규명및희생자명예회복위원회, 제주4·3사건자료집 12, 2001.
제주4·3사건진상규명및희생자명예회복위원회, 화해와 상생, 2008.
한영우, 다시 찾는 우리역사, 경세원, 2003.
현길언, 과거사 청산과 역사 만들기, 본질과 현상(2013. 여름호).

저 자 : 이용우
편 집 : 제주4·3사건재정립시민연대

초판 발행일 : 2024년 9월 10일
발행처 : 프리덤칼리지장학회
등 록 : 제2023-000135호
주 소 : 서울특별시 영등포구 국회대로 76길 33 중앙보훈회관 501호
전 화 : 02-737-0717
이메일 : fcfkorea@fcf.kr
인 쇄 : 아름원 (02-2264-3334)

ISBN
값 : 7,000원

※ 본서의 무단 전재와 복제를 금하며, 잘못된 책은 교환해 드립니다.